Michael Peters

Emsland

Mit Grafschaft Bentheim

Radeln für die Seele

15 Wohlfühltouren

Alle Touren auf einen Blick

AUSZEITEN

WEITBLICKE

ERFRISCHUNG

Liebe Radlerinnen und Radler,

einfach **radel-traumhaft** ist das Ems-Wechselspiel zwischen Fluss, Kanal, Auen und Seen, das uns immer wieder zu neuen Ufern einlädt. Herrlich ist das Durchstreifen des friedlich bewaldeten Hümmlings, der sanften Hügellandschaft voller Geschichten, Geheimnisse und gelebter Frömmigkeit. Geradezu wie im Radelhimmel ist die Grafschaft Bentheim, die keine Grenze zu unserem niederländischen Nachbarn mehr kennt.

NATUR

KULTUR

GENUSS

TOUR

GPS-Tracks zum Download

Auf den Erkundungsfahrten durch diese **schönen Landschaften** sind mir zahlreiche Menschen begegnet, die mit viel Herzblut und Augenmaß ihre Heimat pflegen und gerne ihre Tore öffneten. Ihre Gastfreundschaft und ihre Erzählungen machten die 15 Touren erst so richtig rund.

Es war mir eine große Freude, diese Touren für Sie in Anlehnung an das hiesige Knotenpunktsystem, das Radeln nach Zahlen, geplant und zusammengestellt zu haben. Klaus und Birgit Beckers haben mit ihren einladenden und **stimmungsvollen Fotos** dieses Buch ebenso bereichert.

Mögen auch Sie wie ich an die vielen **beseelten Orte** gelangen und offenen Menschen begegnen, welche die Fahrt durch diese malerische Flusslandschaft jedes Mal zu einem schönen und eindrucksvollen Erlebnis werden lassen. Das Ganze bei hoffentlich immer gutem Wetter und mit viel Rückenwind! Radeln Sie mit Seele! Aber es sei auch immer wieder gut gebrEMSt!

Ihr Michael Peters

Herrliche Hase

Zwischen Meppen und Haselünne

Das Bahnhofsgebäude in Meppen im Rücken, halten wir uns links und fahren **Am alten Güterbahnhof** parallel zur Eisenbahn auf die Kreuzung und den Knotenpunkt (KP) 40 zu. Wir radeln geradeaus weiter zum KP 19, um hier nach links unbeirrt dem grünen Pfeil bis zum KP 78 in Bokeloh zu folgen. Dabei passieren wir zunächst das Kreishaus und einen Teich, durchfahren im Zickzack ein Wohngebiet und stoßen am Ende der Straße Am Hang linker Hand auf einen kleinen Pfad, der uns unmittelbar an die **Hase** heranführt und urplötzlich in herrlichste Flusslandschaft eintauchen lässt.

St.-Vitus-Kirche

In östliche Richtung geht es nun idyllisch schön zwischen Wasser und Wald am Ufer entlang, bis uns der grüne Pfeil abrupt nach links abbiegen lässt, um uns durch den Wald hindurch auf die Hauptstraße, den **Stationsweg,** heranzuführen. Hier wenden wir uns nach rechts und fahren auf dem parallel verlaufenden Radweg in **Bokeloh** ein. Am KP 78 halten wir rechts auf die **Hasebrücke** und unseren ersten Hase-Höhepunkt zu. Am besten stellen wir das Rad vor dem Alten Gasthaus ab, um die schöne, altehrwürdige ❶ **St.-Vitus-Kirche** zu besichtigen. Dazu steigen wir die Treppenstufen zum Kirchberg hinauf, um an der alten Schule vorbei das

Kilometer: 46
Höhenmeter: 120
Stunden: 4
RUNDTOUR

Altes Gasthaus

Der Künstler **Otto Pankok,** ein wichtiger Vertreter des Expressiven Realismus, zog sich 1938–1941 in die emsländische Abgeschiedenheit zurück. Am bekanntesten ist sein Werk „Christus zerbricht das Gewehr", das zum Symbol der Friedensbewegung wurde.

romanische, vermutlich älteste Gotteshaus des Emslandes aus dem Jahre 1000 zu besuchen.

Nach unserer Besichtigungspause setzen wir unsere Tour mit dem Bokeloher Kirchweg (K 224) über die Hase hinweg in Richtung KP 17 fort und biegen gleich hinter der Brücke nach links in die Höfener Straße ein. Parallel verläuft nun der **Otto-Pankok-Malerweg.**

Am KP 17 geht es nach links auf schönstem Pfade wieder an die Hase heran, um uns schließlich hinter der Hasebrücke von der Radlergemeinde **Groß Dörgen** begrüßen zu lassen. Wir folgen nun dem grünen Pfeil durch eine ländliche Idylle bis zum KP 59, an dem wir nach rechts in Richtung KP 20 abbiegen und parallel zur **Dörgener Beeke** wieder ans schöne Haseufer gelangen, um hier nach links in eine wunderbare **2 Auenlandschaft** einzutauchen. Über die Mittelradde und am Biberberg vorbei gelangen wir zu einem weiteren Höhepunkt unserer Tour, dem **3 Aussichtsturm an der Hase.**

Auf den dort uns freundlich einladenden Bänken sollten wir nicht nur ein weiteres verdientes Päuschen einlegen, auch der Blick vom Turm – wenn schwindelfrei und kein Hase(n)fuß – ist sehr zu empfehlen. Nach einem genussvollen Rundumblick schließen wir noch einmal kurz die Augen, um uns behutsam im Wind wiegen und wogen zu lassen.

Für die Seele
Hübsche Ortschaften und das kleine, feine Hasetal lassen uns die Seele des so weiten Emslands erspüren.

Weiter geht es mit dem grünen Pfeil am Ufer entlang. Mit einer Linkskurve am schönen Rastplatz verabschieden wir uns für eine Weile von unserer Hase und fahren durch Feld und Flur. Über den KP 20 in der Bauernschaft **Lahre** und über den KP 90 mit erneutem Pausenplatz gelangen wir bis zum KP 51. Hier setzen wir unsere Fahrt in Richtung KP 69 nach rechts in Richtung **Huden** fort, ein Hase-Dorf mit Glockenturm und auffallend zahlreichen religiösen Bildstöcken. In der Ortsmitte geht es nach links mit der Straße **Zur Alten Fähre** zum KP 69. Hier halten wir uns halb links, folgen dem grünen Pfeil an einem Weiher vorbei zum KP 33, um unseren Weg nach rechts zum KP 15 fortzusetzen. Es beginnt für uns nun eine längere, aber nahezu alternativlose Durststrecke die K 223 entlang, geradewegs über den Kreisverkehr hinweg und mit der tristen **Meppener Straße** bis zum KP 21, um dann doch endlich in unser Etappenziel, das kornige Hansestädtchen **Haselünne,** einzufahren. Doch die Mühe lohnt. Denn schon bald heißt uns der schöne ❹ **Marktplatz** mit seiner vielfältigen Gastronomie auf das Herzlichste willkommen.

Am Ostende des Marktplatzes und dem KP 1 vertrauen wir uns nun sehr aufmerksam und unbeirrt dem

Innenstadt Haselünne

grünen Pfeil in Richtung KP 9 an. Wenn wir die Bundesstraße B 213/402 in Richtung Fähranleger unterfahren haben, sind wir plötzlich der Betriebsamkeit der Stadt entschwunden und können uns nun wieder ganz auf die Hase konzentrieren. Am KP 9 halten wir uns dazu links und folgen dem grünen Pfeil, um mit der **Emsland-Route** unsere Seeumrundung zu beginnen. Doch schon hinter dem Campingplatz sind wir zu einem weiteren Päuschen im **5 Haus am See** eingeladen, das uns zu hausgemachtem Kuchen und fluffigen Waffeln mit Seeblick vom Balkon oder der Terrasse willkommen heißt.

Nach unserer Pause pedalieren wir entspannt immer am Ufer des Sees entlang, bis wir eine kleine Brücke überquert haben. Wenn wir viel Zeit haben, können wir zu Fuß einen Abstecher auf die Haselünner Kuhweide mit Schottischen Hochlandrindern und in den Wacholderhain machen, ein wunderschönes Naturschutzgebiet in der Haseniederung.

Wir setzen unsere Seeumrundung fort, bis wir wieder an die Hase gelangen. Hier biegen wir rechts ab und halten uns nah am Ufer, um mit diesem Weg zum KP 9 zurückzukehren. Nun folgen wir wieder dem grünen Pfeil nach links über die Hasebrücke hinweg immer der Hase nach über die KP 19 und 39 in Richtung KP 82.

__Haselünne__ wird im Volksmund auch „Fusellünne" genannt – in diesem kleinen Städtchen sind mit den Firmen Berentzen, Heydt und Rosche gleich drei Kornbrennereien beheimatet. Doch auch alkoholfreie Erfrischungsgetränke erweitern nach und nach die Angebotspalette.

Haus am See

Bückelter Kapelle

Kurz lassen wir uns von der trägen Fließgeschwindigkeit anstecken und ebenfalls entschleunigen. Auf Höhe des **Freilicht- und Heimatmuseums** geht es erneut über die Hase, um auf dem gegenüberliegenden Ufer unsere Fahrt nach links und weiterhin an der Hase fortzusetzen. Nach Unterqueren der K 270 verlassen wir vorübergehend unseren Fluss, passieren ein Industriegebiet und folgen weiterhin dem grünen Pfeil durch den schön bewaldeten **Hammer Sand** und übers Feld bis nach Hamm hinein. Am KP 82 setzen wir unsere Tour geradeaus fort, überqueren erneut die Hase, passieren den KP 99 und erreichen den KP 53. Hier halten wir uns links, um mit dem Kapellenweg zu einem weiteren Highlight, der **6 Bückelter Kapelle,** zu gelangen.

Zurück am KP 53 überqueren wir geradeaus die K 223 und radeln in Richtung KP 34 weiter. Hase, Wald, Feld und Wiesen geben diesem beschaulichen Abschnitt das schönste Gepräge. Am KP 34 in Lehrte setzen wir unseren Weg in Richtung KP 47 mit der **Kamphausener Straße** fort. Nun heißt es aufgepasst: Wir

*Die **Bückelter Kapelle** mit ihrem spätgotischen Baukörper blickt auf eine nahezu 500-jährige Geschichte zurück. Im Jahre 1963 wurden Chorfresken aus ihrer Entstehungszeit freigelegt und machen das Gotteshaus zu einem häufig besuchten Baudenkmal des Emslandes.*

passieren den Abzweig zum Bootsanleger geradeaus, folgen weiter dem grünen Pfeil und gelangen nach rund 500 Metern in einer Linkskurve an einen **kleinen Weiher,** um nach weiteren 200 Metern am nächsten Weiher nach rechts in den Waldweg einzubiegen. Diesem folgen wir rund 400 Meter, um linker Hand ins ❼ **„kleine Paradies"** einzufahren. Am in der Stille des Waldes gelegenen kleinen Teich können Fuchs und Hase gar nicht anders, als sich friedvoll Gute Nacht zu sagen.

Doch wie Adam und Eva müssen auch wir das Paradies wieder verlassen, indem wir zur Kamphausener Straße zurück und dort nach rechts weiterhin auf den KP 47 zufahren. Hier biegen wir nach links ab und folgen dem grünen Pfeil nach Helte, um am KP 16 unseren Weg nach rechts in Richtung KP 24 fortzusetzen und kurz hinter der Kreuzung Bektanger Straße/Osterbergstraße zum ❽ **Waldgasthof Röckers** zu gelangen. Familie Röckers bittet nicht nur zur Kaffeetafel. Die Speisekarte wechselt wöchentlich; als dauerhafte Spezialität ist die Flugente nach Art des Hauses mit Salzkartoffeln und einem saisonalen Salat empfehlenswert. Und wer sich noch kurz die Füße vertreten möchte, kann den abwechslungsreichen Park hinter dem Gasthof aufsuchen.

Zurück an der Kreuzung biegen wir nun nach rechts in die **Bektanger Straße** ein, um an der nächsten Querstraße nach rechts und wiederum an der darauffolgenden Querstraße nach links abzubiegen. Wir folgen dem Weg am Teglinger Bach nach Süden, bis uns nach rund 500 Metern ein Wegweiser nach rechts über

Im Grimmelshausens ***„Simplicissimus"*** *von 1668 findet sich eine ältere Variante, in der sich im Spessart Wölfe und später Füchse und noch später Fuchs und Hase Gute Nacht sagen.*

den Bach einlädt. Weiter geht es über die kleine Brücke ins Wäldchen hinein. Wer nicht ganz so sattelfest ist, sollte ab hier für einige Meter das Rad schieben, da der Untergrund uneben ist. Der Waldweg mündet in eine Querstraße, an der wir uns nach links wenden und kurze Zeit später ein weiteres Etappenziel, den Aussichtspunkt der 9 **Talaue,** erreichen. Die Talaue wurde 2014/15 auf rund 13 Hektar renaturiert, indem mit vier neuen Gewässerschleifen, drei flachen Tümpeln und zwei Feuchtbiotopen eine sehr schöne Wasserlandschaft geschaffen wurde, die Lebensraum für viele Pflanzen und Tiere wie die stolzen Grau- und Silberreiher bietet. Das Besondere: Alle Flächen und Gewässer dürfen sich völlig eigenständig entwickeln.

Talaue

Gruß aus Meppen

Wir setzen unseren Weg in Fahrtrichtung fort und gelangen an die **Teglinger Hauptstraße** (K 250), an der wir nach rechts abbiegen und rund 1 Kilometer parallel auf dem Radweg der K 250 bis zur Bushaltestelle Haar fahren. Hinter der Haltestelle überqueren wir vorsichtig die Hauptstraße nach links und nehmen den **Haarweg,** der uns zu einer Querstraße führt. Hier biegen wir rechts ab und folgen dem **Haarbrücker Weg** über die Bahnlinie hinweg bis zum **Dortmund-Ems-Kanal** und zum KP 60. Vor dem Kanal wenden wir uns nach rechts, gelangen ans Ufer und fahren nun zielstrebig am rechten Kanalufer zur Schleuse Meppen und auf den KP 97 zu.

Höltingmühle und Hasemündung

Hier wechseln wir noch einmal den Blickwinkel und damit das Ufer, um am KP 10 unsere Fahrt weiterhin am Kanal über den KP 35 bis zum KP 69 fortzusetzen. An der zweiten, den Fußgängern vorbehaltenen Brücke heißt es aufgepasst: Von der Brücke haben wir einen wunderschönen Blick auf die ⑩ **Hasemündung** mit der **Höltingmühle.** Am KP 69 können wir im ⑪ **Täglich Meppen** diese grüne Stadt am Wasser noch einmal von einer sehr schönen Seite kennenlernen. In der Außengastronomie mit herrlichem Blick auf Ems, Kanal und Hase können wir unsere Tour Revue passieren lassen, um anschließend wieder mit vollem Akku über die **Hase-Hubbrücke,** den KP 13, die Poststraße und Bahnhofstraße zum Bahnhof Meppen zurückzufinden.

Borken
Meppen
Ems
Neustadt
Bokeloh
Helter Damm
Hase
K 224
Groß Dörgen
NSG in der Haseniederung
Lahre
Mittelradde
Hülsen
Eltern
K 223
Haselünne
Huden
Haselünner Kuhweide
Kuhweide
Nödike
Feldkamp
Schleusengruppe
Helte
Kamphausener Straße
Lehrte
Bawinkeler Damm
Helter Straße
Teglinger Hauptstraße
K 250
Haarbrücker Weg
Teglingen
Bückelte
Hamm
Hammer Straße
K 270
Hammer Sand
Schwefingen
Dortmund-Ems-Kanal
Haarweg
70
402
213

ALLES AUF EINEN BLICK

Entspannung

Abenteuer

Vielfalt

WIE & WANN

Überwiegend autofrei, keine Steigungen; ganzjährig befahrbar.

HIN & WEG

Auto: Parkplatz am Bahnhof, Bahnhofstraße, 49716 Meppen
ÖPNV: Bahnhof Meppen

ESSEN & ENTSPANNEN

5 **Hotel Haus am See,** Am See 2, 49740 Haselünne, Tel. (0 59 61) 9 42 50, www.hausamseehaseluenne.de

8 **Waldgasthof Röckers,** Helter Damm 25, 49716 Meppen, Tel. (0 59 31) 28 82, www.gasthof-roeckers.de

11 **Restaurant, Café & Bar Täglich Meppen,** Hasestraße 10, 49716 Meppen, Tel. (0 59 31) 8 81 71 33, www.restaurant-taeglich.de

ENTDECKEN & ERLEBEN

1 **St.-Vitus-Kirche**
2 **Auenlandschaft an der Mittelradde-Mündung**
3 **Aussichtsturm an der Hase**
4 **Marktplatz Haselünne**
6 **Bückelter Kapelle**
7 **„Kleines Paradies" bei Lehrte**
9 **Talaue am Teglinger Bach**
10 **Hasemündung und Höltingmühle**

Emsauenpark

Stadt, Sand, Fluss

Emsland trifft Grafschaft

Wir starten am Bahnhof Lingen und am nahe gelegenen Knotenpunkt (KP) 77, überqueren die Bernd-Rosemeyer-Straße, nehmen die Straße Am Pulverturm in die City hinein und erblicken rechts die **St.-Bonifatius-Kirche,** die mit ihrem schönen, großzügigen Innenraum besticht. Um die Fußgänger nicht zu behindern, steigen wir am **Pulverturm** vom Rad und schieben es geradeaus über die Castell- und die Burgstraße bis zum einladenden Marktplatz.

Vor uns erblicken wir das reizvoll-charmante ❶ **Treppengiebel-Rathaus.** Wir gehen direkt darauf zu, um uns nach einer ausgiebigen Inaugenscheinnahme dieses kleinen, aber feinen Gebäudes aus dem 16. Jahrhundert von der linken Rathaustreppe aus und am Lindenbaume vorbei in die kleine Gasse zu begeben, die uns direkt auf ein weißes Haus mit Giebelwand zuführt. Mit einem Linksrechts-Schwenk und der Sturmstraße erreichen wir ein Gebäude der **Stadtverwaltung** mit Giebeltreppe. Hier biegen wir nach rechts in die Elisabethstraße ab und radeln auf den KP 94 zu. Wir wenden uns nach links, fahren auf der Straße Zum Neuen Hafen über den KP 2 hinweg in Richtung KP 19 geradewegs auf den Dortmund-Ems-Kanal zu. Schlagartig tauchen wir in neue Gefilde ein. Gleich rechts am anderen Ufer erblicken wir die einladende, großzügige ❷ **Sitzgruppe Reuschberge,** die wir mit der stählernen **Meckerbrücke** über den Kanal hinweg ansteuern und für ein erstes Päuschen nutzen können.

Hier gibt es wahrlich nichts zu meckern, wenn wir uns des Ufertreibens erfreuen. Da-

*Die **Meckerbrücke** heißt deshalb so, weil sie mit großer Verspätung eröffnet wurde und die Frauen dann noch mit ihren Stöckelschuhen darin stecken blieben.*

Kilometer: 29

Höhenmeter: 120

Stunden: 2,5

RUNDTOUR

Treppengiebel-Rathaus

Die **Ems** ist der kleinste Strom Deutschlands. Über eine Länge von 370 Kilometern schlängelt sie sich von ihrer Quelle im ostwestfälischen Sennegebiet bis zum Dollart bei Emden. Hier füllt sie neben Weser und Elbe die Nordsee auf.

nach fahren wir vom bereits passierten KP 98 (nicht KP 10!) nach links in Richtung KP 11. Wir vertrauen uns nun unbeirrt dem grünen Pfeil an, mit dem wir nach einigem Straßen- und Wegewirrwarr dennoch sicher in den ❸ **Emsauenpark** gelangen. Der Park auf einem ehemaligen Kasernengelände bietet neben interessant gestaltetem Wohnraum auch eine 15.000 Quadratmeter große Wasserfläche mit Fontäne und Stegen, an die sich zahlreiche Grün- und Wildblumenflächen anschließen. Alles wirkt hier weit, großzügig und einladend. Auch wir lassen uns locken und wandeln über den langen Steg geradewegs über das Wasser hinweg.

Am Stegende erwartet uns eine breite Fahrradstraße, die uns über die **Ems** aus der Stadt und direkt ins Grüne führt. An ihrem Ende und am KP 11 geht es noch vor der L 34 scharf rechts durchs Gehölz auf den KP 84 zu. An den drei Buchen wenden wir uns nach links und gelangen wenig später zur L 34 zurück. Diese überqueren wir vorsichtig geradeaus, um ins ④ **Naherholungsgebiet Lohner Sand** einzufahren.

Gleichzeitig haben wir hier das Emsland verlassen und die **Grafschaft** erreicht. Unmittelbar danach gelangen wir an eine **Wetterschutzhütte,** an der wir entscheiden: Wer etwas Sand und einige wenige Baumwurzeln auf dem Weg nicht scheut, dem sei nach rechts der wunderschöne Pfad durch den Lohner Sand in Richtung Heimathaus und Fußwander-KP 66 empfohlen. Wer ebeneren Untergrund mag, fahre auf nicht minderschönem Wege weiterhin geradeaus auf den KP 84 zu, an dem sich die Wege wieder vereinen.

Wer sich für die erste Alternative entschieden hat, der genieße die rund einen Kilometer lange Fahrt am Rand vom Sand entlang. Die Bänke laden uns immer wieder zum Verweilen und Sichten ein. Wenn zudem ein scharfer Wind bläst, kommen fast automatisch Nordsee-Sehnsuchtsgedanken auf – man könnte sich wie auf Borkum fühlen. Am Fußwander-KP 66 und dem Geräusche-Memory angekommen, wenden wir uns nach links und fahren auf den aussichtsreichen **Vogellehrstand** zu. Nach einem herrlichen Ausblick über

Für die Seele

Wie Sand und Wasser verrinnt die Zeit, wenn wir geruhsam durch den Wald und am Fluss entlangradeln.

Aus dem ehemaligen Truppenübungsplatz der Bundeswehr ist das ***Naherholungsgebiet Lohner Sand*** *entstanden, das auf 280 Hektar zahlreiche Vogelarten, Fledermäuse, Kröten und Schmetterlinge beheimatet. Der Naturerlebnispfad ist ein Genuss für alle Sinne.*

Meckerbrücke

Naherholungsgebiet Lohner Sand

die feine Sandfläche radeln wir geradeaus zu dem bereits sichtbaren KP 84 (wer sich für die zweite Alternative entschieden hat, kann ebenfalls in diesen Genuss kommen, indem er einfach den kurzen Weg vom KP 84 zum Aussichtspunkt und zurück nimmt).

Vom KP 84 aus können wir nun in Richtung KP 46 einen ersten „Meditationsabschnitt" er-fahren, auf dem wir immer geradeaus von schönem Wald umgeben leicht unseren Gedanken nachhängen können. An der Hauptstraße müssen wir kurz unterbrechen, biegen links ab, um wenig später am KP 46 erneut nach links und nun in Richtung KP 87 zu radeln. Wir vertrauen uns auch hier dem grünen Pfeil an, lassen uns locker bei hoffentlich gutem Westwind leicht abschüssig rollen und tauchen vielleicht in eine weitere Meditationsphase ein.

Nach rund 3 Kilometern tauchen wir wieder aus dem Wald, unseren Gedanken und zudem im Emsland auf und haben den KP 87 an der Nordhorner Straße (L 60) in Schepsdorf erreicht. Wir überqueren an der Kreuzung vorsichtig die Landstraße, lassen uns geradeaus vom **Kohspiek** aufnehmen, um an der nächsten Kreuzung nach links in die Deichstraße einzubiegen. Dieser folgen wir nahezu an ihr Ende, um uns hinter dem Kinderspielplatz nach rechts **Zum Gut Herzford** zu wenden. Nun können wir wieder Fahrt aufnehmen und pedalieren schön kurvenreich mit grünem Pfeil durch herrlichste, immer wieder Schatten spendende Emsschleifenlandschaft. Am KP 72 erreichen wir den **heiligen Alexander** auf seinem Sockel, der für uns als Schutzpatron Schepsdorfs einen schönen Picknickplatz mit Emsblick bereithält.

Nach unserem Päuschen geht es unter die Alexanderbrücke hindurch und mit grünem Pfeil weiter, wieder in die Grafschaft hinein und auf den KP 62 zu. Am Infopunkt zum schönen Gut Herzford, das geradeaus

Ems und Kanal küssen sich bei ***Hanekenfähr*** *das erste Mal. Im Emsland vereinigen sie sich und gehen wieder getrennte Wege – ganze 13 Mal. Letztlich kommen sie aber zusammen: Happy End in Aschendorf!*

etwas mühsam zu erreichen wäre, wenden wir uns nach links, kommen unserem Fluss wieder ganz nahe und genießen die Ems-Einblicke, bis wir direkt hinter dem mit Freizeitbooten bestückten **Ems-Vechte-Kanal** über die KP 62 und 52 hinweg am KP 85 an die L 40 und wieder ins Emsland gelangen. An der L 40 entlang fahren wir nach links und baumbesäumt auf die Eisenbahn zu und treffen mit einer Linkskurve auf die Ems- und Kanalbrücke mit schönstem Blick auf das **5 Emswehr Hanekenfähr.** Nachdem sich noch kurz zuvor erstmalig Ems und Kanal vereinigt hatten, gehen sie hier gleich wieder getrennte Wege.

Wir kreuzen direkt hinter der Brücke die L 40, um hinter der Bushaltestelle Hanekenfähr mit grünem Pfeil erneut vorsichtig die L 40 nach links zu überqueren. Nun lassen wir uns in Gegenrichtung auf den KP 56 zurollen, um hier nach rechts in Richtung KP 24 abzubiegen und unsere erste kulinarische Rast im **6 Café Alte Schleuse** einzulegen. Das Café liegt idyllisch

Emswehr Hanekenfähr

Café Alte Schleuse

genau in der Spitze der beiden Wasserläufe von Dortmund-Ems- und Ems-Hase-Kanal. Hier können wir bei Kaffee und Kuchen, einem Eisbecher oder einem kühlen Getränk eine schöne Auszeit nehmen. Eine weitere Einkehrmöglichkeit finden wir in Fahrtrichtung nach Überqueren der Schleusenanlage. Wir wenden uns dazu nach links und fahren auf das 7 **Hotel-Restaurant Am Wasserfall** zu. Auch an diesem Ort können wir uns im Fährrestaurant, in der Ems-Island-Bar oder auf der Terrasse verwöhnen lassen und gleichzeitig aus der Ferne die aus vier Wehren bestehende Anlage nebst Fischtreppe und Aalleiter begutachten.

Ob Pause oder nicht: Wir setzen unsere Fahrt letztlich in nördliche Richtung und mit grünem Pfeil in Richtung KP 24 fort. Dabei genießen wir den erhöhten Blick auf die drei hier beieinander verlaufenden Wasserstraßen! Am KP 24 wechseln wir in Richtung KP 46 nach rechts das Ufer, biegen hinter der **Kohschulten-Brücke** links ab, unterqueren die B 213 und erreichen das

nächste gastronomische Highlight, den ❽ **Grünen Jäger.** Sebastian Schoo heißt uns in seinem Rock-&-Blues-Gasthof in nahezu familiärer Atmosphäre herzlich willkommen, denn hier ist alles „per Du“. Im Biergarten oder auf der kleinen, feinen Emsterrasse unter Bäumen können wir es uns – die „Inspirationskarte“ hoch und runter – schmecken lassen. Nur die acht Biere am Hahn sollten wir tunlichst im Fass lassen.

Gestärkt für unsere letzten Kilometer setzen wir unsere Fahrt hinter dem Gasthof fort, überqueren vorsichtig mit dem grünen Pfeil nach rechts die L 40 in die Straße **Zum Heidhof.** Wir passieren den Bahnübergang und biegen hinter dem Parkplatz des Waldfriedhofs und noch vor dem Eisenzaun nach links ab, um auf eine Kreuzung zuzufahren. Hier halten wir uns links, passieren den Bildstock und radeln auf einem schönen Waldweg auf das feine ❾ **Heimathaus Darme** zu. Dort können wir noch einmal Dorfluft schnuppern, bevor es zwischen der Nepomukstatue und dem Gerätehaus mit

Glocke an die L 40 und in die Stadt zurückgeht. Wir überqueren die L 40 vorsichtig nach links, unterfahren die Bahn und radeln geradewegs auf der Straße **Zwischen den Brücken** und über die **Möddelbrücke** noch einmal auf die andere Kanaluferseite. Hier geht es nach rechts und mit dem grünen Pfeil zum KP 44.

Letztmalig können wir für heute übers Wasser schauen. Wir radeln zum KP 12, orientieren uns in Richtung KP 88 und kehren ins Zentrum zurück. Dazu nehmen wir nach links zunächst einen „langen Anlauf", um am Wendepunkt nach rechts mit der Lindenstraße über die **Kurt-Schumacher-Brücke** hinweg auf den Europaplatz und Kreisverkehr zuzufahren. Und jetzt heißt es wie im Auto-Navi: „Nehmen Sie die zweite Ausfahrt!" Mit der Lindenstraße geht es zum nächsten Kreisverkehr. Und erneut: „Nehmen Sie die zweite Ausfahrt!" Mit der **Bernd-Rosemeyer-Straße** und geradewegs über den KP 54 gelangen wir zum Bahnhof Lingen zurück.

***Bernd Rosemeyer** ist wohl der berühmteste Sohn Lingens. 1936 wurde er im damals schnellsten Auto der Welt, dem Mercedes-Silberpfeil, Grand-Prix-Europameister. Mit seinem 545-PS-Rennwagen fuhr er 1937 mit 406 km/h einen Geschwindigkeitsweltrekord.*

Heimathaus Darme

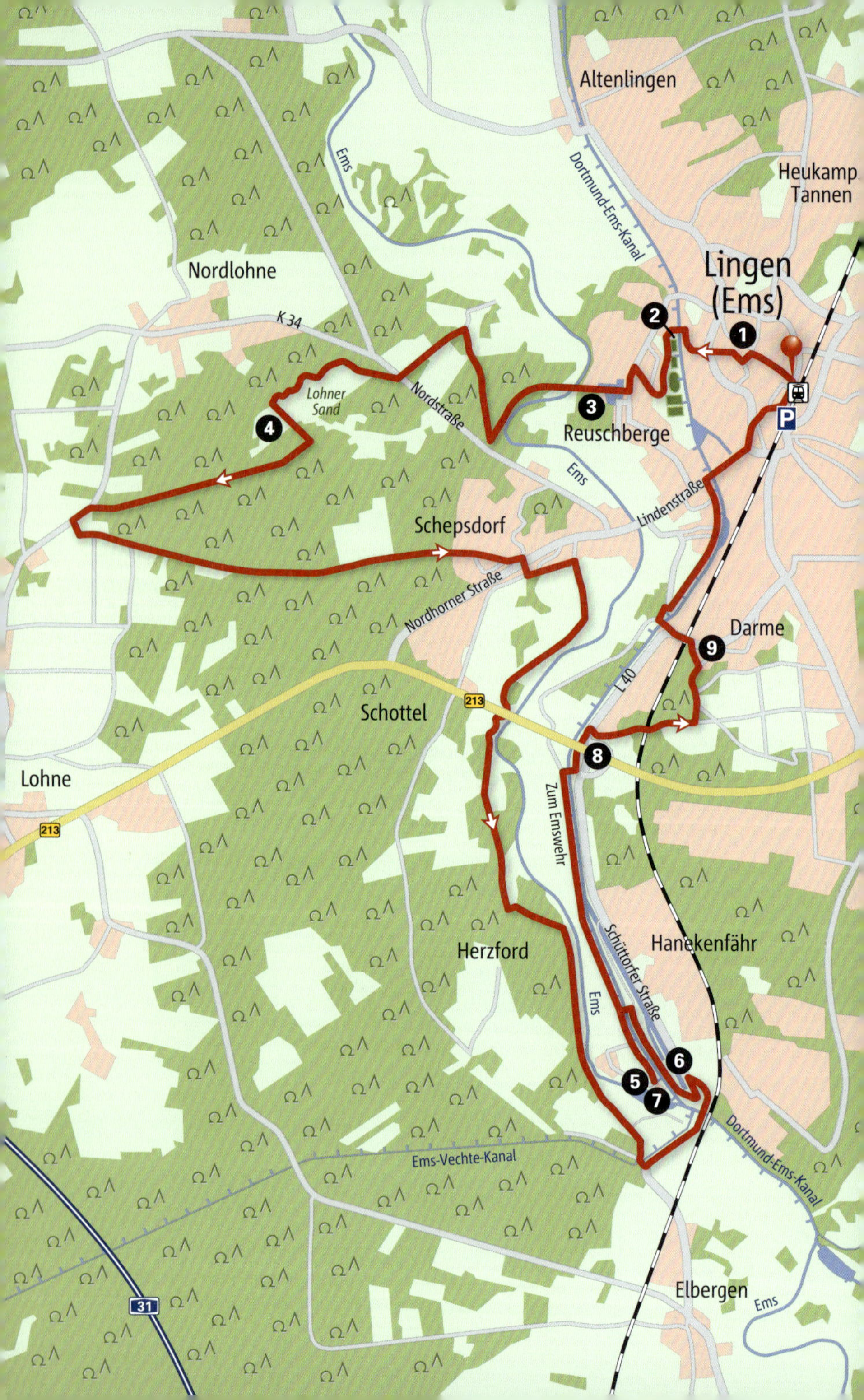

Altenlingen
Heukamp
Tannen
Lingen
(Ems)
Dortmund-Ems-Kanal
Ems
Nordlohne
K 34
Lohner
Sand
Nordstraße
Reuschberge
Lindenstraße
Schepsdorf
Nordhorner Straße
Darme
L 40
213
Schottel
Lohne
Zum Emswehr
Schüttorfer Straße
Hanekenfähr
Herzford
Ems-Vechte-Kanal
Elbergen
31
1
2
3
4
5
6
7
8
9
P

ALLES AUF EINEN BLICK

Entspannung 4/5
Abenteuer 2/5
Vielfalt 2/5

WIE & WANN

Überwiegend Asphalt und gut befestigte Schotterwege. Ganzjährig bei gutem Wetter befahrbar. Besonders zu empfehlen, wenn viel Sonne scheint, da viele Abschnitte schattenreich sind. Am Knotenpunkt 56 böte sich für sportliche Radler an, diesen Rundkurs mit Tour 12 zu kombinieren.

HIN & WEG

Auto: Parkplatz am Busbahnhof/ZOB (P 11), 49808 Lingen (Ems)
ÖPNV: Bahnhof Lingen

ESSEN & ENTSPANNEN

6 **Café Alte Schleuse,** An der Schleuse 2, 49808 Lingen (Ems), Tel. (05 91) 9 15 16 59, www.cafe-alte-schleuse.de
7 **Hotel-Restaurant Am Wasserfall,** Am Wasserfall 2, 49808 Lingen (Ems), Tel. (05 91) 80 90, www.hotel-am-wasserfall.de
8 **Gasthof Grüner Jäger,** Schüttorfer Straße 88, 49808 Lingen (Ems), Tel. (05 91) 8 00 34 03, www.grünerjäger.de

ENTDECKEN & ERLEBEN

1 **Historisches Rathaus**
2 **Sitzgruppe Reuschberge**
3 **Emsauenpark**
4 **Naherholungsgebiet Lohner Sand**
5 **Emswehr Hanekenfähr**
9 **Heimathaus Darme**

Emsland's End

Raue Weite im Osten Herzlakes

Wir starten am Markt von Herzlake, mit der **Kirche St. Nikolaus** im Rücken und vom Knotenpunkt (KP) 66 aus, um mit dem grünen Pfeil über die Hase hinweg auf den gegenüberliegenden KP 77 zuzufahren. Auf der **Hasebrücke** erhaschen wir einen schönen Blick auf dieses romantische, das Hasetal prägende Flüsschen, das ganz gemächlich der Ems zutreibt. Am KP 77 wenden wir uns nach rechts, um in Richtung KP 5 aus Herzlake hinauszufahren. Zunächst geht es ein Stück an der Hase entlang, um mit einer Linkskurve ins „Landesinnere" zu radeln. An der nächsten Kreuzung wenden wir uns nach rechts und gelangen zur Querstraße **Beel** mit Sitzbank, an der wir nach links abbiegen, den grünen Pfeil vernachlässigen und stattdessen geradeaus an den **grünen Silos** vorbei nach Süden streben.

Am Ende der Straße **An der Drake** und der Hausnummer 1 gelangen wir an eine Hauptstraße (Unterm Bookhof), in die wir nach rechts abbiegen. Kurz hinter der Hausnummer 20 erreichen wir die nächste Kreuzung, an der wir uns nach links wenden und in den Kampweg einfahren. Mit diesem geht es am netten **Book-Hof-Laden** vorbei in den alten Teil der ebenso netten Bauernschaft Bookhof hinein. Im Hofladen können wir uns das erste Mal mit einem Kaltgetränk erfrischen und die regionale Produktpalette begutachten. Der Laden ist ein mit viel Herzblut betriebenes Gemeinschaftsprojekt der Menschen vor Ort.

Kilometer: 28

Höhenmeter: 90

Stunden: 2,5

RUNDTOUR

Am Ende des Kampwegs biegen wir links ab, um auf dem parallel zur Andruper Straße (K 208) verlaufenden Radweg am alten Schul-

haus vorbei auf die Dohrener Straße (L 55) zuzufahren. Diese überqueren wir vorsichtig geradeaus und in die Ziegeleistraße hinein, der wir geradewegs über die nächste Kreuzung hinweg folgen, bis der Asphaltweg in einen Sandweg übergeht. Hier biegen wir links ab und fahren in nördliche Richtung durch Feld, über Wiesen und an Höfen vorbei, um am Ende des **Ortermersch** an eine Hauptstraße zu gelangen. Wir biegen rechts ab und können uns nun auf dem parallel zur Alten Dorfstraße verlaufenden Radweg ganz und gar der rauen Landschaft zwischen Moor, Land und Hase widmen.

Am KP 45 setzen wir unseren Weg mit der K 244 geradeaus fort; auch den KP 71 passieren wir geradeaus und gelangen nach 1,5 Kilometern im Ost-Ende des Emslandes an die Einfahrt zu unserem ersten Etappenziel, dem **1 Torfwerk Hahnenmoor.** Hier können wir sonntags „Moorgeheimnisse für lütge un grote Lüe“ lüften, ein Moor-Diplom erlangen und mit der kleinen Torf-Eisen-

bahn rundfahren, noch wichtiger aber ein weiteres Warm- oder Kaltgetränk und selbst gebackenen Kuchen, Waffeln, Donuts, Muffins und/oder Cake-Pops im ② **Café & Mo(o)re** zu uns nehmen; werktags ist immerhin das Außengelände zu besichtigen. Nach so viel Sattelsitzen böte sich zudem ein sehr lohnenswerter Gang ins Moor zum ③ **Aussichtsturm** an. In rund 10 Minuten hin und 10 Minuten zurück ist's im Mai zur Wollgrasblüte und im September zur Heideblüte – frei nach Annette von Droste-Hülshoff – wunderbar, „übers Moor zu gehen".

Für die Seele

Im äußersten Osten des Emslands genießen wir im Hahnenmoor die Ruhe, Einsamkeit und Weite.

An die K 244 zurückgekehrt, setzen wir unseren Weg nach rechts und birkengesäumt fort, passieren geradeaus den KP 49 in Richtung Grafeld und verlassen kurze Zeit später das Emsland ins Osnabrücker Land hinein, um hier – fast schon unerwartet und überra-

Hahnenmoor

Aussichtsturm

schend – in ein Paradies einzufahren. Doch dafür müssen wir noch einmal Obacht walten lassen, um die Einfahrt nicht zu verpassen. Hinter der ersten Rechtskurve passieren wir die Kreisgrenze, fahren nun auf der K 159 und achten auf den **roten Bersenbrücker-Land-Weg-Weiser,** der in Richtung Berge weist. Auf den Leitplanken links und rechts finden wir kleine lang gezogene weiße Pfeile auf rotem Grund und mit schwarzem Radfahrer, die uns am Beginn der nächsten Rechtskurve zusammen mit dem **Hünenweg** nach links ins Gebüsch und einen Waldweg abbiegen lassen.

*Der **Hünenweg** ist ein 325 Kilometer steigungsarmer internationaler Fernwanderweg von Osnabrück nach Groningen und gilt als ein Geheimtipp, da er die Schönheit des Nordwestens Deutschlands mit steinzeitlichen Zeugnissen und Legenden zu verbinden vermag.*

Gleich zu Beginn des Weges finden wir einen Rastplatz mit Landkarte. Wir folgen diesem kleinen Pfeil mit Radfahrer, biegen mit ihm gleich wieder links zu der knorrigen Baumreihe hin ab und kommen in einem weiten Rechtsbogen durch schönen Wald zu einem besonderen Highlight. An der Fünf-Wege-Kreuzung scheint plötzlich links das **4 Stift Börstel** auf. Dieses Stift ist ein wahrer Kraftort und eine Oase der Ruhe und Stille!

Nach dem „spirituellen“ Krafttanken ist uns nun vielleicht nach kulinarischem Auftanken zumute. Dazu folgen wir nur noch kurz dem **grünen Pfeil** in Richtung

Berge, erreichen die L 102, wenden uns nach rechts und erblicken schon die ❺ **Alte Stiftschänke Börstel.** Hier können wir es uns im gemütlichen Fachwerkhaus gut gehen lassen. Im Bioausschank werden uns nicht nur gekühlte oder warme Getränke gereicht, auch kleinere Gerichte und ein Bioladen sogen für einen gefüllten Magen.

Auf den Sattel, fertig, los heißt es dann wieder auf dem parallel zur L 102 verlaufenden Radweg zurück in Richtung Klostereinfahrt. Hier setzen wir unseren Weg geradeaus fort und rollen in Richtung Herzlake einfach wieder ins Emsland zurück. Nach rund 1,2 Kilometern müssen wir die Straßenseite wechseln und fahren nun geradeaus über den KP 85 hinweg auf den KP 25 zu. Hier biegen wir nach links in die **Siedlerstraße** ein und fahren geradeaus rund 1,2 weitere Kilometer auf die

*Im Zentrum des **Stifts Börstel** steht die Kirche mit ihrem schönen Kreuzgang; dazu kommt ein anmutiges Ensemble an Gebäuden wie die Abtei. Das Stift ist ein ehemaliges Zisterzienserinnenkloster, das heute eine geistliche ökumenische Gemeinschaft beheimatet.*

Stift Börstel

Kreuzung mit der **Friesenstraße** zu. In diese biegen wir nach rechts ein und finden wieder mehr und mehr ins beschauliche Hasetal zurück. Auf diesem Abschnitt hätten wir nun beste Bedingungen, um zu boßeln – gerade Straßen, Gräben, frische Luft, schönste Natur! Boßeln ist eine im Emsland weitverbreitete, traditionelle Mannschaftssportart, bei der eine Kugel aus Holz, Kunststoff oder Gummi möglichst weit geworfen werden muss. Die Mannschaften werfen abwechselnd, wobei das zurückliegende Team jeweils den ersten Wurf hat. Jeder Werfer setzt mit seinem Wurf am Landepunkt des Vorwerfers seiner Mannschaft an. Gelingt es dabei dem Werfer des zurückliegenden Teams nicht, den Rückstand wettzumachen, erhält der Gegner einen Punkt, der Schoet oder Wurf genannt wird. Ziel des Spiels ist es, möglichst viele Schoets zu erzielen. Gute Werfer erreichen mit einem Wurf bis zu 200 Meter. Neben der Kugel gibt es noch den „Kraber", um die Kugel aus dem Wassergraben zu fischen.

__Boßeln__ ist oft eine eher gesellige Unternehmung mit Bollerwagen und „Zielwasser", die auch gerne im Winter gespielt wird. Es gibt regelrechte Sportligen – und anschließend meistens ein deftiges Grünkohlessen!

An der nächsten Kreuzung halten wir uns rechts, kommen am **Gut Einhaus** vorbei, passieren den **Hahnenmoorkanal** und fahren auf den KP 89 zu, um mit einem

Mühle Aselage

kurzen Rechtsschwenk über die L 102 hinweg den KP 83 zu erreichen. Hier nehmen wir den Wegweiser zur romantischen 6 **Mühle Aselage,** bei der wir im gleichnamigen Restaurant zu einer weiteren Pause auf der Mühlenterrasse eingeladen sind. Das Restaurant besitzt eine hochgelobte Küche, die aufgrund der Grenznähe mal emsländisch, mal artländisch – auf jeden Fall aber regional und saisonal – ist.

Nach der Pause geht es für unseren letzten Wegabschnitt zurück zum KP 83. Wir folgen dem grünen Pfeil zum bereits bekannten KP 89 und von hier aus unbeirrt weiter bis zum KP 77 und direkt auf den **Marktplatz Herzlakes.** Dazu geht es noch einmal über die Hase, die wir von der Brücke nun wieder fester in den Blick nehmen können. Kurz dahinter überqueren wir die L 102 nach links und tauchen mit dem super zu befahrenen Plattenweg noch tiefer ins Hasetal ein. Obstbäume säumen unseren Weg, und eine rote Leiter will uns im Herbst zum Äpfelpflücken verführen. Wenig später geht es wieder direkt an die Hase heran, mit der wir uns wieder mitten ins Herz Lakes schlängeln.

Der Ort ***Herzlake*** *hat Herz! Die Bäckerei Hagedorn bringt dies mit dem besonderen Herz-Brot zum Ausdruck. Im Übrigen finden Herz-Laken bei Hochzeiten Anwendung, wenn der Bräutigam die Braut durch ein in ein Betttuch geschnittenes Herz trägt.*

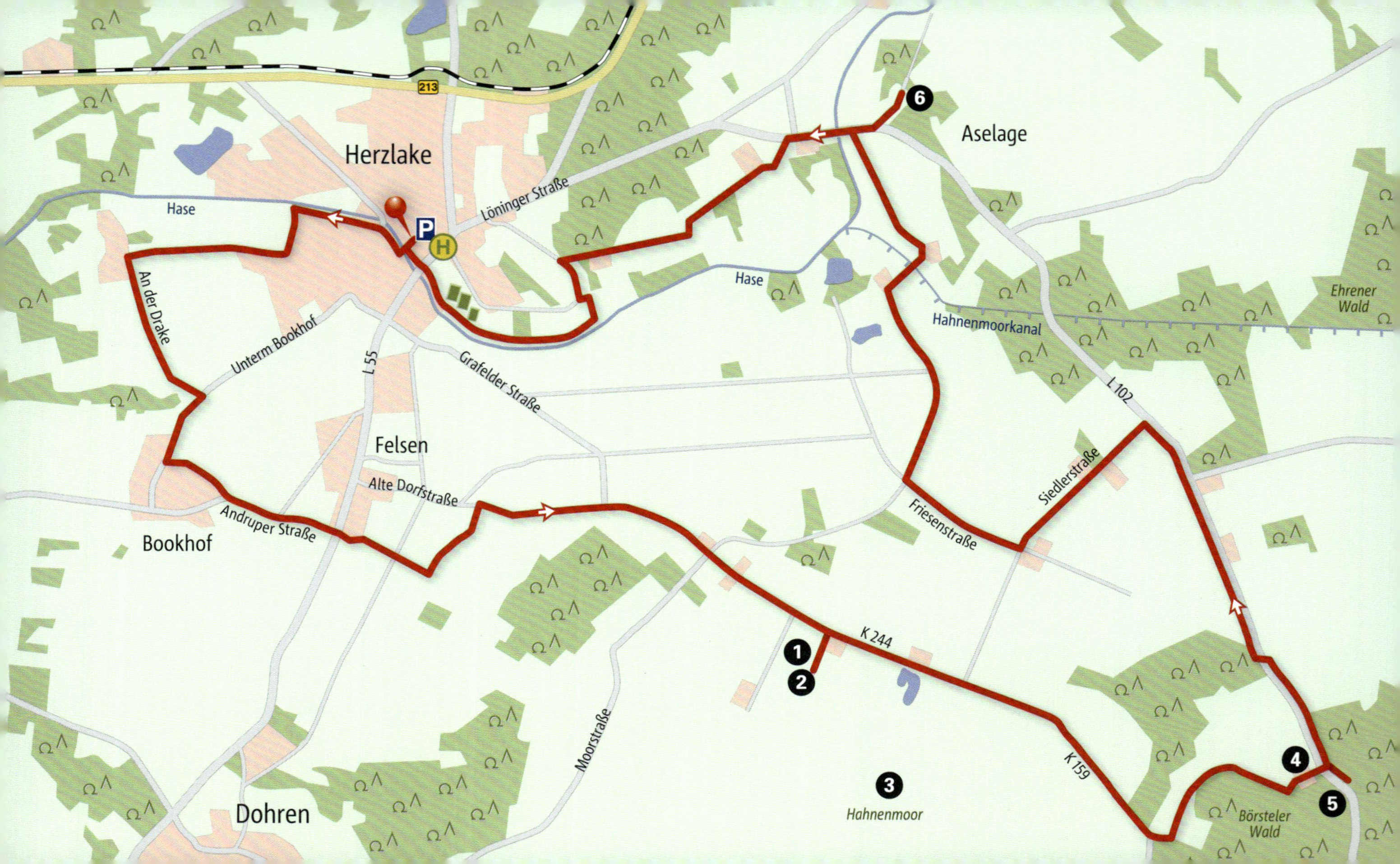

Herzlake
Aselage
Ehrener Wald
Hase
Löninger Straße
Hahnenmoorkanal
An der Drake
Unterm Bookhof
L 55
Grafelder Straße
Felsen
Alte Dorfstraße
Andruper Straße
Bookhof
Friesenstraße
Siedlerstraße
L 102
K 244
K 159
Moorstraße
Dohren
Hahnenmoor
Börsteler Wald
213
1
2
3
4
5
6

ALLES AUF EINEN BLICK

Entspannung
Abenteuer
Vielfalt

WIE & WANN

Wer gerade Strecken scheut, der verpasst die Weite des Emslandes und sollte sich daher einen E-Motor zulegen. Zu jeder Jahreszeit befahrbar. Starken Ostwind vermeiden. Öffnungszeiten von Verpflegungsstationen prüfen oder ausreichend Proviant mitnehmen.

HIN & WEG

Auto: Parkplatz am Markt, Haselünner Straße, 49770 Herzlake
ÖPNV: Haltestelle Herzlake Kirche

ESSEN & ENTSPANNEN

2 **Café & Mo(o)re,** Grafelder Straße 44, 49770 Herzlake, Tel. (01 52) 24 52 42 63, www.torfwerk-hahnenmoor.de/index.php/cafe
5 **Alte Stiftschänke,** Börstel 9, 49626 Berge, Tel. (0 54 35) 9 54 98 33
6 **Restaurant Aselager Mühle,** Zur Alten Mühle 12, 49770 Herzlake, Tel. (0 59 62) 9 34 80, www.aselager-muehle.de

ENTDECKEN & ERLEBEN

1 **Torfwerk Hahnenmoor**
3 **Aussichtsturm Hahnenmoor**
4 **Stift Börstel**

Wald & Flair

Im friedlichen Eleonorenwald

Wir starten am Bahnhof in Werlte, lassen uns vom Heimatdichter Albert Trautmann begrüßen und fahren auf der Hauptstraße auf den Knotenpunkt (KP) 69 zu und in die Innenstadt ein. Weiter geht es auf dieser Straße an der **St.-Sixtus-Kirche** vorbei in Richtung KP 59, an dem wir rechts abbiegen und auf den Samuel-Jacobs-Platz zusteuern. Rechts hinter dem Platz befindet sich der Eingang zum **1 Bibelgarten,** in dem wir unserer Seele zunächst einmal Sammlung angedeihen lassen. Hier finden wir in einer zeitweise herrlichen Pflanzenwelt eine Oase der Ruhe. Und Bibelkundige wissen: „In einem Garten ging das Paradies verloren, in einem Garten wird es wiedergefunden." (Blaise Pascal)

*Im äußeren Kreis des **Bibelgartens** liegen der Schöpfungs- und Ackergarten, die Wüste und der Garten der Verheißung. Sie verkörpern jeweils ein Hauptthema der Bibel und umschließen den inneren Garten der Begegnung, durch den alle miteinander verbunden sind.*

Nach dieser Vielfalt an Inspiration setzen wir unseren Weg in südliche Fahrtrichtung und über die Bodenwelle hinaus fort, um uns am Ende des **Meyerhofs** einmal kurz nach rechts und gleich wieder links in die Fleerstraße zu begeben. Diese geleitet uns zielstrebig aus dem Ort hinaus und geht an einer Kreuzung geradeaus in die Straße **Auf dem Stroh** über, mit der wir hinter dem Ortausgangsschild an die K 137 gelangen. Diese überqueren wir geradeaus, um nach 50 Metern nach links in den Feldweg abzubiegen. Hier treffen wir auf den **grünen Pfeil,** dem wir uns eine Zeit lang anvertrauen und der uns im Zickzack durch die Bauernschaft wieder an die K 137 und den KP 44 heranführt. Diese überqueren wir in Richtung KP 90 geradeaus, fahren am Schießstand vorbei und gelangen an eine Querstraße, an der wir uns nach rechts und wenig später wieder

Kilometer: 47
Höhenmeter: 130
Stunden: 4,5
RUNDTOUR

BIBELGARTEN

nach links wenden. An der nächsten Kreuzung heißt es aufgepasst: Wir lassen den grünen Pfeil links abbiegen, setzen unseren Weg stattdessen geradeaus an der Hausnummer 49 und auf dem gepflasterten Weg fort, halten uns nach rund 100 Metern links, passieren das Ortseingangsschild und rollen an der Baumreihe entlang auf **Bockholte** zu.

Für die Seele

Gartenruh und Waldesrauschen lassen uns die Natur beseelt erfahren.

An der nächsten Kreuzung biegen wir von der Friedenshöhe kommend nach rechts in den **Gehlenfeldsweg** ab, durchfahren ein Wohngebiet und halten uns an der Baumgruppe mit einladenden Bänken rechts. Wir fahren auf dem Plattenweg mit mittlerem Grünstreifen weiter und gelangen zu einer Kreuzung mit dem Auener Weg, an der wir nach links einbiegen und auf dem Kuhdamm auf die Bockholter City zurollen. Mit Kaisers Heide kommen wir an die K 122. Hier biegen wir rechts ab und fahren auf dem parallel verlaufenden Radweg mit grünem Pfeil auf Vrees zu.

Am Ackerfeld gelangen wir an ein schönes „sprüchebewehrtes" **Rasthäuschen,** in dem wir uns einen Moment nach dem Motto „Kommt Zeit, kommt Rad" besinnen können, um erheitert unseren Weg über den KP 24 zum KP 88 fortzusetzen. Wir überqueren zunächst in Richtung KP 3 vorsichtig die K 122 nach rechts und fahren nun in die **Bockholter Dose** ein, um immer geradeaus zum **2 Aussichtsturm** zu gelangen. In luftiger Höhe haben wir einen feinen Ausblick über das Naturschutzgebiet mit seiner Vielzahl an Vogelarten von Kiebitz, Schnepfe, Brachvogel bis zur Sumpfohreule. Es ist zudem eine Wasserscheide der Marka und Radde, die jeweils letztlich in die Ems fließen.

Vrees ist ausgezeichnet: Europäischer Dorferneuerungspreis, Unser Dorf soll schöner werden, Unser Dorf hat Zukunft und Klimakommune. Die Ehrenplaketten sind zahlreich und in der Baumgruppe am KP 3 zu finden.

Wir setzen unseren Weg in östliche Fahrtrichtung fort und gelangen an eine Abzweigung mit Sitzbank, an der wir uns links halten und vor den ersten roten Backsteinhäusern zweimal kurz hintereinander nach rechts in einen Schotterweg begeben. Wir folgen dem grünen Pfeil links um den Zeltplatz herum und fahren wenig später in **Vrees** ein.

Am KP 3 wenden wir uns nach rechts und erreichen an der Einmündung von Pastoren Meer wenige Meter links nach dem Bibelgarten nun den ❸ **Pastors Goarn.** Der naturnahe Garten lohnt einen Blick und kurzes Verweilen. Kräuterspirale, Naschgarten und das Kleinbiotop lassen uns an Pastors guten Rat denken: „Wenn meine Seele Urlaub braucht, gehe ich in den Garten."

Weiter geht es mit der Hauptstraße auf die **St.-Nikolaus-Kirche** und den KP 11 zu. Hier überqueren wir die Hauptstraße nach links und gelangen auf der anderen Straßenseite zum schönen ❹ **Dorfteich.** Idyllisch im Herzen des Dorfs gelegen, lassen wir uns hier auf einer der einladenden Bänke erneut von der Goldigkeit des Ortes überzeugen. Kurz dahinter treffen wir auf den

Pastors Goarn

Dorfteich mit Backhaus

Teufelssteine

Der Sage nach hat der Teufel hier ***Steine*** *zusammengetragen, um einen Schatz zu sichern. Gewaltiges Sausen und Brausen habe Schatzsucher immer wieder vom Heben des Schatzes abgehalten. Und es soll daher unmöglich sein, die Zahl der Steine genau anzugeben.*

KP 94, den wir geradeaus passieren, um uns durch die Baumreihe hindurch und mit dem grünen Pfeil zum KP 92 zu begeben. Dazu lassen wir uns nach halb links vom Bischofsbrücker Weg aufnehmen, auf dem wir nun einige Zeit geradeaus und angenehm leicht abwärts ins **Markatal** einrollen. Nach und nach werden wir links des großen, „dunklen" **Eleonorenwalds** gewahr, um kurz hinter der Markabrücke zu den ❺ **Teufelssteinen** zu gelangen. Dieses von Eichen und Birken umgebene jungsteinzeitliche Megalithgrab (um 3000 v. Chr.) gilt der Sage nach als Schatztruhe des Teufels.

Wenig später erreichen wir den schönen **Brügger Treff** und den KP 92, um hier links abzubiegen und mit der Bischofsbrücker Straße auf den KP 80 zuzufahren. Am Wege gelegen finden wir ❻ **Lampes Eismaschine.** Hildegard Lampe lädt uns ein, uns ein herrliches, selbst gezapftes Vanillesofteis mit Erdbeer- oder Schokoladensoße zu gönnen. Auch Kaltgetränke sind zu erwerben.

Lampes Eismaschine

Geradeaus über den KP 80 hinweg rollen wir auf dem **Olden Streek** auf die L 831 zu, mit der wir auf dem parallel verlaufenden Radweg An der Riede durch das waldige Schleefeld auf Markhausen zufahren. Wenn wir vorsichtig die L 831 überquert haben, heißt es erneut aufgepasst: Wir biegen wenig später nach rechts in den Franz-Sin-Damm und an der nächsten Einmündung nach links in den Industriering ein. Rechts erblicken wir das schöne mit Reet gedeckte Haus, das das **7 Landhauscafé Wunderbar** beheimatet. Immer sonntagnachmittags lädt uns Gastgeberin Maria Schulte ein, bei frischem Kaffee und selbst gemachten Kuchen oder auch belegten Broten in nahezu privater Atmosphäre auf der schönen Gartenterrasse oder im „Wohnzimmer" zu sitzen.

Sollten wir werktags unterwegs sein, folgen wir weiterhin dem Industriering an der nächsten Querstraße nach links und können uns im **BAM-Laden** mit einem Kaffee to go versorgen und proviantieren, denn nun geht es langsam in den tiefsten Wald hinein. Dazu biegen wir an der L 831 nach rechts ab, um diese hinter dem Ortseingangsschild gleich wieder vorsichtig nach links hin **Zum Eleonorenwald** zu überqueren. Zunächst besuchen wir noch die altehrwürdige **8 Gehlenborg'sche Scheune,** ein heimatliches Kleinod, das mit seinem Holzgerüst und Lehmgefache aus dem Jahre 1621 sowie seiner schönen Schlichtheit beeindruckt.

Landhauscafé Wunderbar

Gehlenborg'sche Scheune

Die Scheune im Rücken wenden wir uns nach links und folgen dem grünen Pfeil aus Markhausen hinaus und erneut über die Marka hinweg, um ab hier nach rund 500 Metern am Ende der Straße „Zum Eleonorenwald" und zu Beginn des Fleerwegs den Pfeil Pfeil sein zu lassen. Stattdessen biegen wir nach links in den Schotterweg ab. Quasi in Gegenrichtung fahren wir nun auf die nächste Kreuzung zu. Hier biegen wir rechts ab und fahren in den schönen **9 Eleonorenwald** hinein.

*Die Herzöge von Arenburg ließen zwischen 1880 und 1930 Kiefern zur Holzgewinnung anpflanzen. Nachdem ein Orkan 1972 viele Bäume entwurzelte, wurden Douglasien, Lärchen, Fichten und erneut Kiefern gepflanzt, sodass ein schöner **Nadelmischwald** entstanden ist, der zahlreiches Schwarz- und Rotwild beheimatet.*

Ab hier sollten wir für die nächsten Kilometer nur noch halbes Tempo aufnehmen, um den Wald in seiner Weite und Stille genießen zu können. An der nächsten Kreuzung und dem Rettungspunkt CLP-4819 umgehen wir die Schranke und biegen unmittelbar nach links ab, um an der nächsten Kreuzung und dem rot umrandeten Hydrantenschild H 400 nochmals rechts abzubiegen und nun so richtig in den Wald einzutauchen. Geradeaus geht es in Muße und Stille leicht abwärts pedalierend immer tiefer in den Wald hinein. Nach 800 Metern gelangen wir an eine Kreuzung mit der schönen **Rasthütte,** an der wir uns nach links wenden. Zuvor aber können wir uns in dieser „Waldeslust" ein weiteres Päuschen in herrlichster Abgeschiedenheit gönnen.

Dann geht es im empfohlenen gemächlichen Tempo nach Süden weiter, um uns in aller Seelenruhe und gedankenverloren auf die nächsten 3,5 Kilometer bis zum KP 15 zu begeben. Der Eleonorenwald umfängt uns auch hier in seiner Gänze und Weite, wenn wir unseren Weg nach rechts zum KP 22 fortsetzen. Dabei vertrauen wir uns voll und ganz dem grünen Pfeil an, der uns nach und nach wieder aus dem Wald geleitet. Dazu halten wir uns am nächsten querenden Weg nach rechts, um nach 200 Metern nach links und in einem weiten Linksbogen am Forstrand entlang ans Westende des uns so treu beherbergenden Waldes zu fahren.

Eleonorenwald

Am KP 22 hat die Waldeslust ihr Ende und das Land uns wieder. Hier geht es zunächst mit der **Emsland-Route** zum KP 48, an dem wir nach links abbiegen und durch weite Getreidefelder mit Mohn- und Kornblumen geschmückt zum KP 5 in Rastdorf gelangen. Dem ersten Teil des Dorfnamens könnten wir nach so viel „Wald- und Feldarbeit" auf den Ruhebänken vor uns sofort nachkommen; empfehlenswerter ist jedoch das nahe gelegene **⑩ Biotop Berens Poul.** Dazu fahren wir noch ein wenig geradeaus in Richtung KP 95 weiter. Kurz vor der L 836 finden wir rechter Hand den Zugang zu diesem schönen Ort, an dem wir an zwei „geretteten Teichen" ausgiebig pausieren können. Ursprünglich waren diese Feuchtbiotope vollständig zugewachsen; heute erfreuen sich Libellen, Amphibien und Radwanderer an der kleinen, feinen Wasserlandschaft.

Biotop Berens Poul

Doch auf uns wartet noch eine weitere Oase der Ruhe. Dazu steuern wir den KP 95 an und setzen hier unseren Weg nach rechts zum KP 72 fort. Hier biegen wir nach rechts in Richtung KP 42 ab und erreichen in den Herrentannen wenig später eine schöne Rasthütte mit Anbindebalken für unsere Drahtesel. Nur rund 100 Meter in Fahrtrichtung weiter befindet sich der „Eingang“ zur ⑪ **Liebesbuche,** um die sich gleich mehrere Legenden ranken. Die imposante Buche erreichen wir am besten zu Fuß. Die knapp 300 Meter sind lohnenswert, denn auf einer schönen Bank können wir an diesem romantischen Ort in aller Stille und Einsamkeit unsere Seele einfach baumeln lassen.

Liebesbuche

Zurück auf dem Hauptweg fahren wir in Richtung KP 42 weiter und gelangen an einen weiteren Rastplatz, den wir mit der Linkskurve hinter uns lassen, um die nächste Kreuzung mit Sitzgruppe unter einer zweistämmigen Birke zu erreichen. Wir folgen nun nicht länger dem grünen Pfeil, sondern setzen unseren Weg geradeaus hinter dem Trailpark fort und kommen an ein kleines Waldstück, in dem wir am rot umrandeten Hydrantenschild H 350 und hinter dem links versteckt liegenden Betonsilo nach rechts abbiegen. Wir fahren am Stadtrand entlang, überqueren geradeaus die Rastdorfer Straße und gelangen auf gepflastertem Weg an die nächste Kreuzung. Hier biegen wir nach links ab, passieren das Ortseingangsschild und radeln mit dem grünen Pfeil durch das „Präsidenten- und Kanzlerviertel“ geradewegs hindurch auf die K 122 zu. Am KP 80 wenden wir uns nach rechts und überqueren auf Höhe der Feuerwache vorsichtig die K 146, um mit der Kirchstraße unmittelbar dahinter die ⓬ **Kreutzmanns Mühle** anzufahren. Die eineinhalbstöckige Galerieholländer-Windmühle ist ein Wahrzeichen Werltes. Sie wurde von einem engagierten Mühlenverein vor dem Abriss bewahrt und wird liebevoll gepflegt.

Den Abschluss unserer Tour sollten wir kulinarisch angehen. Dazu fahren wir mit der Kirchstraße in die City auf den uns bereits bekannten KP 59 zu. Hier biegen wir rechts in die Hauptstraße ab, um uns im ⓭ **Eis-Café Venezia** nach unserem Lampe-Soft- nun auch sehr schmackhaftes Speiseeis zu gönnen oder wenige Meter weiter rechter Hand noch etwas im ⓮ **POM's** zu verweilen. Kurzform-Namensgeber Dirk Pommerinke bietet uns hier verschiedenste Kreationen von schmackhaften Bowls an. Nicht nur der Burger Bowl mit seinem ausschließlich regionalen Limosin-Rindfleisch, auch die veganen Varianten könnten für uns zu einem leckeren Sch(l)üssel-Erlebnis werden. Ein Sekt dazu: Und es perlte in Werlte!

Wenn wir wieder zu Kräften gekommen sind, kehren wir mit der Hauptstraße über den KP 69 zum Bahnhof zurück.

Kreutzmanns Mühle

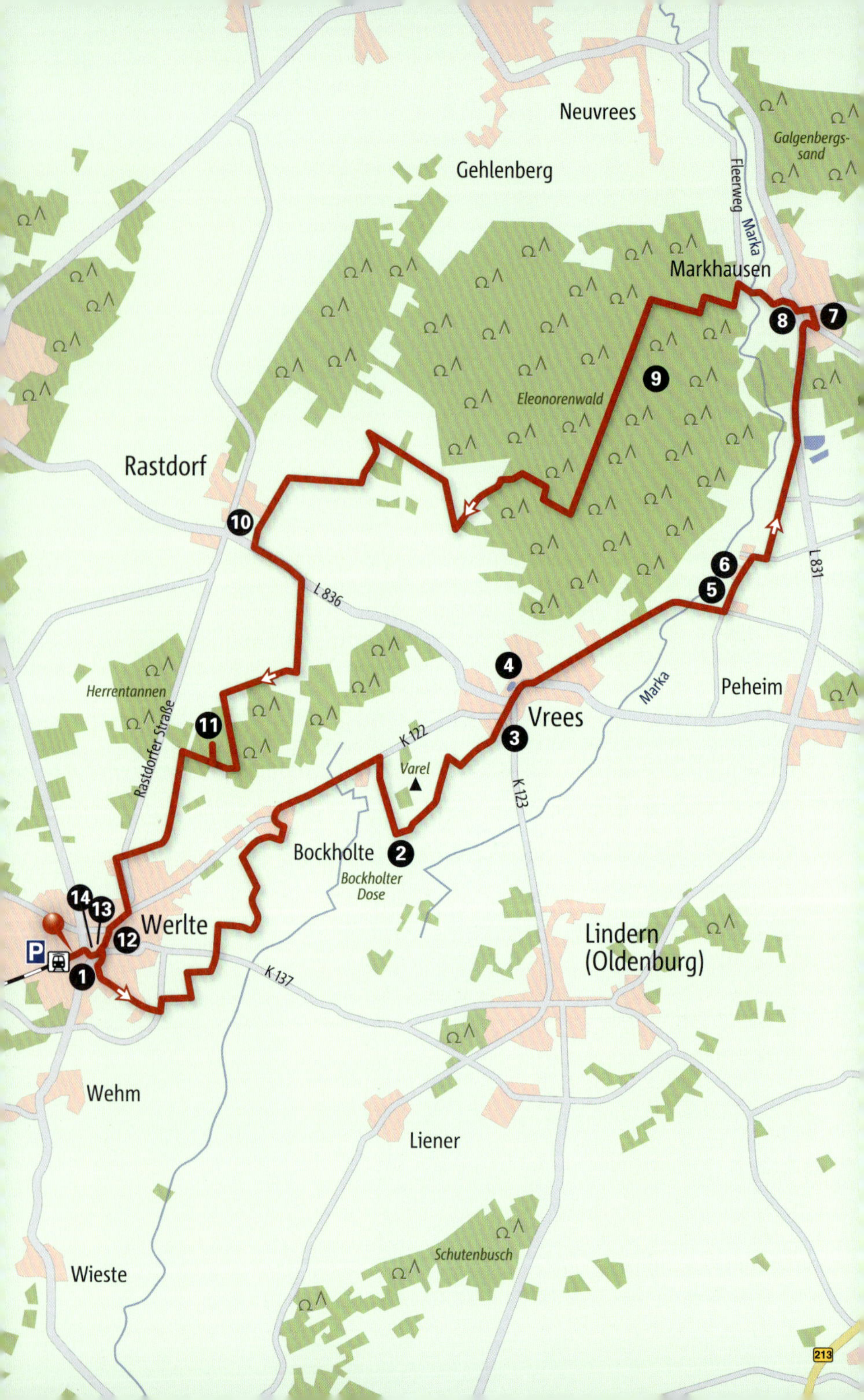

Neuvrees
Gehlenberg
Galgenbergs-
sand
Fleerweg
Marka
Markhausen
Eleonorenwald
Rastdorf
L 836
L 831
Herrentannen
Rastdorfer Straße
Vrees
Peheim
K 122
Varel
K 123
Bockholte
Bockholter
Dose
Werlte
K 137
Lindern
(Oldenburg)
Wehm
Liener
Schutenbusch
Wieste
213
1
2
3
4
5
6
7
8
9
10
11
12
13
14

ALLES AUF EINEN BLICK

Entspannung 4/5
Abenteuer 2/5
Vielfalt 2/5

WIE & WANN

Zu zwei Dritteln asphaltiert; im Wald das Tempo reduzieren, um besser genießen zu können. Im Frühjahr, Sommer und Herbst bei trockenem Wetter befahrbar; Öffnungszeiten von Verpflegungsstationen prüfen, ansonsten ausreichend Proviant mitnehmen.

HIN & WEG

Auto: Parkplatz am Bahnhof, Sögeler Straße 2, 49757 Werlte
ÖPNV: Bahnhof Werlte (Emsland)

ESSEN & ENTSPANNEN

6 **Softeis Lampe,** Bischofsbrücker Straße 25, 49696 Molbergen
7 **Landhauscafé Wunderbar,** Am Industriering 9, 26169 Friesoythe, Tel. (0 44 96) 92 18 32
13 **Eis-Café Venezia,** Hauptstraße 25, 49757 Werlte, Tel. (0 59 51) 29 45
14 **POM's Café & Bistro,** Hauptstraße 9, 49757 Werlte, Tel. (0 59 51) 90 25 80, www.poms-cafe.de

ENTDECKEN & ERLEBEN

1 **Bibelgarten Werlte,** Samuel-Jacobs-Platz, 49757 Werlte, Tel. (0 59 51) 20 11 52, www.sgwerlte.de/bibelgarten
2 **Aussichtsturm Bockholter Dose**
3 **Pastors Goarn**
4 **Dorfteich Vrees**
5 **Teufelssteine**
8 **Gehlenborg'sche Scheune**
9 **Eleonorenwald**
10 **Biotop Berens Poul**
11 **Liebesbuche**
12 **Kreutzmanns Mühle**

Zollhäuschen

Wasserfest

Rund um Nordhorn

Den Bahnhof Quendorf im Rücken, halten wir uns links, fahren unter der Bundesautobahn (BAB) 30 hindurch, weiter geradeaus über den Knotenpunkt (KP) 89 hinweg und biegen am KP 14 nach links ab. Wir überqueren die Bahnlinie und radeln nun unterhalb des wenig später noch zu „erklimmenden" Isterbergs in Richtung KP 39. Auf der langen, geraden Strecke pedalieren wir uns erst einmal warm, schalten lediglich in einen passenden Gang oder am besten ab, um ganz entspannt zum KP 39 zu gelangen. Hier fahren wir in Richtung KP 27 wenige Meter geradeaus weiter, um vor dem Sackgassenschild nach rechts abzubiegen und **Am Südhang** den Berg hinaufzufahren. (Versprochen: Es ist die einzige Bergauffahrt!) Auf dem Scheitelpunkt stoßen wir auf eine Querstraße, in die wir nach rechts abbiegen, um auf unser erstes Highlight, den ❶ **Aussichtsturm am Isterberg,** zuzusteuern. Das Besteigen sollten wir uns nicht entgehen lassen, denn dieser Turm liefert einen wunderbaren Blick bis tief in die uns zu Füßen liegende und gleich zu durchstreifende Grafschaft hinein.

Nach unserem „Höhenrausch" geht es auf demselben Weg zurück und in Richtung KP 27 geradewegs an die B 403 heran. Hier biegen wir mit dem **grünen Pfeil** nach rechts ab und rollen nach einem kleinen Anstieg dann gemächlich-geschwind den Isterberg hinunter, bis wir zur Bushaltestelle Neerlager Weg gelan-

Kilometer: 53

Höhenmeter: 140

Stunden: 5,5

RUNDTOUR

gen. Nun überqueren wir vorsichtig die B 403 nach links, fahren in die **Syen-Venn Straße** ein und gelangen an eine Gabelung auf Höhe der Hausnummer 3. Hier biegen wir rechts ab und umfahren mit dem grünen Pfeil an seinem nordöstlichen Rande das schöne gleichnamige Venn. Zu jeder Jahres- und Tageszeit und bei jedem Wetter können wir uns hier immer wieder von den unterschiedlichsten Farbschattierungen überraschen lassen. Richtig bunt geht es wenig später rechter Hand im ❷ **Atelier Ginie Koolen** zu. Ginie lädt uns ein, in ihrem schönen Atelier Kunst in Ton und Bronze zu bewundern und uns an ihren farbenprächtigen Skulpturen in ihrem Garten zu erfreuen.

Atelier Ginie Koolen

Weiter geht es am Rande des Venns entlang über den KP 73 hinweg bis zum KP 86. Eichen, Birken und Buchen geben uns ihr bestes Geleit. Am KP 86 biegen wir nach links ab und erreichen am Landgasthof den **Gildehauser Weg** (K 26). Wir überqueren die K 26 vorsichtig geradeaus und in die für Radfahrer freigegebene Sackgasse Zur Grenze hinein. Kurz vor der Linkskurve fahren wir nach rechts in den Sandweg und das Waldstück, um nach rund 300 Metern auf den herrlichen Grenzpfad D/NL zu stoßen. Hier halten wir uns rechts und folgen für lange Zeit dem abwechslungsreichen Grenzverlauf durch kleine Alleen und an moorigem Rand entlang. Gleich zu Beginn aber können wir eine kurze Pause am Grenzerhäuschen, der ❸ **Commiezenhut,** einlegen und uns „bildreich" über Schmuggler und Grenzer informieren.

Weiter geht es in nördliche Richtung geradewegs über den KP 19 hinweg und mit dem Grensweg an einer großen Gärtnerei entlang. Nahezu am Geländeende heißt es aufgepasst, um nicht den kleinen Abzweig hinter dem Maschendrahtzaun (Durchfahrt für Autos, Motorräder und Mofas verboten) nach rechts zu verfehlen. Der kleine Pfad führt uns unmittelbar an den **Nordhorn-Almelo-Kanal** heran und lässt uns urplötzlich in eine idyllische Wasserlandschaft eintauchen. Wir nehmen den herrlichen Uferweg nach rechts und erblicken gegenüberliegend das bereits seit Jahrhunderten dem Wind und Wetter trotzenden **4 Zollhäuschen.** Rastbänke laden uns zu einer Pause an diesem netten Häuschen an der Grenzschleuse ein.

Für die Seele

Wir erleben die Höhe des Isterbergs und die Tiefe des Syen-Venns und tanken in einer Klosteroase auf.

Wenig später biegen wir am KP 13 nach links ab, überqueren den Kanal und setzen nun unbeirrt unsere Tour dem grünen Pfeil folgend bis zum KP 9 fort. Am KP 9 erwartet uns ein schönes Rastplätzchen mit einem besonderen Grenzübertritt, denn man kann nicht nur von Deutschland nach den Niederlanden *fietsen,* sondern hier auch von der **Grenzrutsche** dort hineinrutschen!

Nach unserer Rutschpartie setzen wir unsere Tour auf dem Grenzpfad in nördliche Richtung zum KP 83

Commiezenhut

fort. In einer leichten Rechtskurve erhalten wir die Gelegenheit, unser Rad abzustellen und per pedes in die schöne Moorlandschaft des Bergvennen einzuwandern. Für *fietsers* geht es auf dem Grenzpfad weiter geradeaus über den KP 83 hinweg durch ein herrliches Waldgebiet bis zum KP 84. Hier biegen wir in Richtung KP 74 nach rechts ab, umfahren den Wald, überqueren die Eisenbahn und radeln über die Klosterbrücke direkt auf unser nächstes Highlight, das ❺ **Kloster Frenswegen,** zu.

Das ehemalige ***Kloster St. Marienwolde*** *wurde im Jahre 1394 gegründet und beherbergte zunächst ein Augustinerchorherrenstift. Auch heute ist es ein Ort geistlicher Besinnung, aber auch Konzerte und Ausstellungen erfreuen immer wieder die Seele.*

Im ❻ **Café am Kloster** können wir uns nach so vielen Grenzgeschichten endlich mit Kaltgetränken erfrischen und mit Kaffee und Kuchen in herrlich klösterlicher Atmosphäre belohnen. Danach ist ein Besuch der Klosteranlage sehr empfehlenswert: Die moderne Kapelle und der Kreuzgang im Innern, das Labyrinth und zwölf kunstwegen-Objekte (siehe Tour 6) außerhalb bieten Kult und Kultur pur.

Zurück über die Klosterbrücke, wenden wir uns nach rechts und gelangen unmittelbar zum KP 74. Hier radeln wir mit dem Kohlandweg nach rechts und vertrauen uns kurz dem grünen Pfeil in Richtung KP 85 an. Wir fahren auf schmalem rot gepflastertem Wege geradewegs auf die **Vechte** zu, deren Flussbett sich ab hier immer wieder mit unserem Weg kreuzen wird. Vor der

Kloster Frenswegen

Ems-Vechte-Kanal

Vechte biegen wir auf noch schmalerem Schotterpfade links ab, kommen zur Neuenhauser Straße, überqueren mit dieser nach rechts unseren Fluss und biegen gleich wieder rechts ab, um unter der Brücke hindurch und direkt an der Vechte entlang dem grünen Pfeil in Richtung KP 4 zu folgen. Nach einem kleinen Vechte-Vorgeschmack führt unser Weg nach rechts und uns kurvenreich an den **Ems-Vechte-Kanal** heran. Dieser wird nun die nächste Zeit zu unserem verlässlichen Begleiter, um geradewegs über die KP 4 und KP 2 hinweg auf schönen Alleenwegen und Fahrradstraßen in Richtung KP 3 und damit in die Fahrradstadt **Nordhorn** zu pedalieren.

Nach rund 4,5 Kilometern heißt es aufgepasst, wenn uns der grüne Pfeil an einer Ampelkreuzung zum Rechtsabbiegen auffordert: Wir überqueren den **Altendorfer Ring,** passieren die Bushaltestelle, um kurz danach nach links in den Heseper Weg einzubiegen, der uns zum **Verbindungskanal** führt. Hinter der Brücke biegen wir rechts ab und radeln parallel zur schönen Fußgängerallee und wieder mit grünem Pfeil geradewegs über den KP 65 hinweg zum KP 1. Hier aufge-

***Nordhorn** darf sich seit 2020 als fahrradfreundliche Kommune Niedersachsen bezeichnen: Die Stadt verfügt über ein hervorragendes Fahrradnetzsystem mit zahlreichen Fahrradstraßen. Der Radanteil am Gesamtverkehrsaufkommen beträgt sage und schreibe 40 Prozent.*

Vechtesee

*Das **Bunte Bentheimer Schwein** ist in der Grafschaft und im Emsland beheimatet. Es ist „bunt“, da es am ganzen Körper schwarze Flecken aufweist. Da die Rasse vom Aussterben bedroht ist, hat sich ein Verein zum Bewahren des „Swat Bunten“ gegründet (Motto: „Erhalten durch Aufessen“). Es wird behutsam gezüchtet, in freier Natur gehalten und hat beste Fleischqualität.*

merkt: Wir wenden uns nach links und folgen dem orangefarbenen Fußwanderwegweiser in Richtung N 40 **Tierpark Nordhorn.** So starten wir unsere schöne Vechtesee-Erkundung. Am Ufer gegenüber erblicken wir bereits unseren nächsten kulinarischen Zwischenstopp, das **7 Pier99.** Bei Pasta, Pizza und einem Kaltgetränk können wir den herrlichen Blick nah am Ufer auf den See genießen.

Nach unserer Pause setzen wir unseren Weg in südlicher Richtung fort, um am Ende des Sees den KP 11 zu erreichen und nun unbeirrt dem grünen Pfeil über den KP 17 bis zum KP 48 zu folgen. Dazu geht es zunächst wieder an der Vechte entlang und auf den **Tierpark** zu, wo uns freudiges Gegrunze der Bentheimer Landschweine entgegenschallt.

Unser Weg führt uns um den Zoo herum, bis wir auf eine Fahrradstraße stoßen. Hier biegen wir nach rechts ein, um uns nach Überqueren der Hauptstraße von der typischen Vechtelandschaft umfangen zu lassen: Baumumsäumte Straßen und Wege und weite Blicke in die Landschaft lassen uns seelenruhig vorankommen.

Wir durchfahren Hesepe und gelangen in Brandlecht zum KP 48, an dem wir uns nach links wenden und in Richtung KP 21 weiterradeln. Hier biegen wir in Richtung KP 64 nach rechts ab und gelangen zum wunderbaren 8 **Gartencafé Hanenhueske.** In diesem schönen Café geht es ein wenig belgisch zu: Familie van Werven heißt uns zu einer frischen Tasse de café und Lütticher Waffeln oder Pommes und lecker belgischem Bier willkommen. Zur High-Tea-Time seien zudem das Stachelbeer-Baiser und ein Tässchen Tee zu empfehlen.

Wir setzen unsere Fahrt aufmerksam fort, biegen unmittelbar hinter dem Café links und gleich nochmals links ab, indem wir dem braunen Reiterschild mit der Nummer 10 folgen. Nach rund 600 Metern heißt es aufgepasst: Der Weg führt uns zunächst an ein kleines Waldstückchen heran, das wir kurz durchfahren. Wenn von rechts ein kleiner Feldweg auf unseren Weg trifft, ist es nicht mehr weit, bis wir unmittelbar danach nach links in einen Schotterweg abbiegen, der uns erneut zur Vechte führt.

Gartencafé Hanenhueske

*Der 182 Kilometer lange Fluss **Vechte** entspringt in Rosendahl in der Münsterländer Tieflandsbucht und fließt zum IJsselmeer in den Niederlanden und später in die Nordsee. Aufgrund der abwechslungsreichen Landschaften wurde die Vechtetalroute für Radler eingerichtet.*

Wir überqueren den uns nun schon vertrauten Fluss und gelangen nach einer leicht ansteigenden Rechts-links-Kurve an die Nordhorner Straße (K 5), die wir nach rechts hin überqueren, um über die Dorfstraße in den Ortskern von Engden einzufahren. In diesem beschaulichen Örtchen können wir weiterschlemmen: zunächst vor dem Kirchlein im ❾ **Landgasthaus Berns „De Bakker“,** das mit Themenwochen von Bayerisch über Spargel, Steak und „Gans Wilde“ eine große Kulinarik beherbergt. Oder wir folgen der Dorfstraße an der Kirche vorbei über die Kreuzung und den KP 42 hinweg, um nach 200 Metern zum ❿ **Gartencafé Engdener Wüste** zu gelangen. Im Garten des idyllisch gelegenen Cafés und Teehauses können wir uns im Schatten von Nuss- und Kirschbäumen Kaffee, Tee und Kuchen schmecken und im Schwimmteich – ausdrücklich erlaubt – unsere Füße baumeln lassen.

Vom Gartencafé kommend radeln wir zum KP 42 zurück und biegen links ab, um in Richtung KP 70 weiterzufahren. Wir passieren einen schönen alten **Spieker** und erreichen am Ende der Dorfstraße erneut die K 5. Diese überqueren wir vorsichtig nach links, um auf dem parallel verlaufenden Radweg rund 1,5 Kilometer ganz entspannt (der Autoverkehr ist gering!) bis zum KP 70 zu radeln. Hier biegen wir rechts ab und fahren in Richtung KP 64 in schönste Flusslandschaft ein. Der Asphaltweg geht zunächst in einen Schotterweg über; vor einem Verbotsschild steigen wir kurz ab, um unser Rad an die Hand zu nehmen und bis zur Brücke zu schieben. Hinter der Brücke sollten wir uns ins ⓫ **„Fenster"** setzen und uns wie sein Rahmen voll und ganz von der Flussidylle umfangen lassen. Nach dieser Fensterschau besteigen wir nochmals unseren Drahtesel, fahren dem grünen Pfeil folgend kurvenreich auf dem Vechtetalweg durch Wald und Feld und erreichen einen schönen Rastplatz am Teiche und den KP 64. Hier biegen wir links ab und lassen es nun auf dem Neerlanger Postdamm geradeaus über die KP 27, 14 und 89 seelenruhig auslaufen, bis wir unseren Startpunkt am Bahnhof Quendorf wieder erreicht haben.

*Unter **Spieker** sind die für diese Gegend typischen, abseits vom Bauernhaus gelegenen Speicherhäuschen zu verstehen. Sie hatten die Aufgabe, das mühsam eingefahrene Getreide zu lagern und vor Feuchtigkeit und vor allem kleinen tierischen Schädlingen zu schützen.*

Das „Fenster" zum Fluss

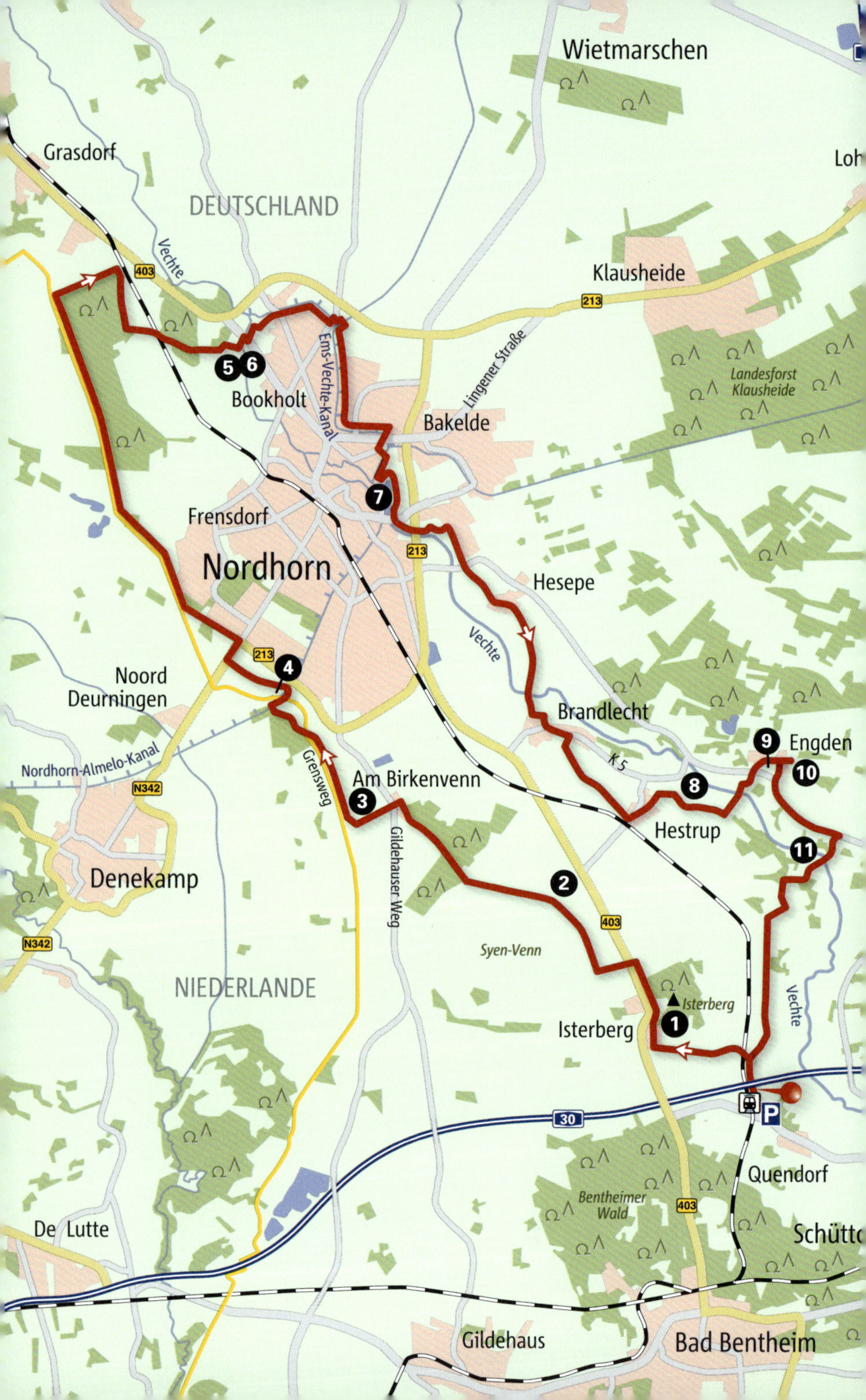
Wietmarschen
Grasdorf
DEUTSCHLAND
Loh
Vechte
403
Klausheide
213
Lingener Straße
Landesforst Klausheide
5
6
Bookholt
Ems-Vechte-Kanal
Bakelde
7
Frensdorf
Nordhorn
213
Hesepe
Vechte
213
4
Noord Deurningen
Brandlecht
9
Engden
10
K 5
Nordhorn-Almelo-Kanal
Grensweg
Am Birkenvenn
8
N342
3
Hestrup
Gildehauser Weg
11
Denekamp
2
403
Syen-Venn
N342
NIEDERLANDE
Isterberg
1
Isterberg
Vechte
30
P
Quendorf
Bentheimer Wald
403
Schütt
De Lutte
Gildehaus
Bad Bentheim

ALLES AUF EINEN BLICK

Entspannung 3/5
Abenteuer 2/5
Vielfalt 5/5

WIE & WANN

Weitgehend autofrei; eine Steigung, die wenig Probleme bereitet; ganzjährig bei gutem Wetter befahrbar.

HIN & WEG

Auto: Parkplatz am Bahnhof, Alter Postdamm, 48465 Quendorf
ÖPNV: Bahnhof Quendorf

ESSEN & ENTSPANNEN

6 **Café am Kloster,** Klosterstraße 9, 48527 Nordhorn, Tel. (0 59 21) 7 12 33 20, www.cafe-am-kloster.com
7 **Restaurant Pier99,** Heseper Weg 40, 48529 Nordhorn, Tel. (0 59 21) 81 98 19 99, www.pier99.de
8 **Gartencafé Hanenhueske,** Neerlager Weg 9, 48531 Nordhorn, Tel. (0 59 26) 3 68, www.aufdemhanenland.de
9 **Landgasthaus Berns „De Bakker“,** Dorfstraße 22, 48465 Engden, Tel. (0 59 26) 2 90, www.debakker.de
10 **Gartencafé Engdener Wüste,** Emsbürener Weg 23a, 48465 Engden, Tel. (0 59 26) 9 85 93 70, www.gartencafe-engdenerwueste.de

ENTDECKEN & ERLEBEN

1 **Aussichtsturm am Isterberg**
2 **Atelier Ginie Koolen,** Vosskuhlenweg 12, 48529 Nordhorn, Tel. (0 59 26) 2 47 99 86
3 **Grenzerhäuschen Commiezenhut**
4 **Zollhäuschen**
5 **Kloster Frenswegen**
11 **Rastplatz am „Fenster“**

Windmühle auf dem Mühlenberg

Koffie & Kultur

Südwestlich von Neuenhaus

Wir starten am Bahnhof Neuenhaus Süd, halten uns ebenso südlich, überqueren vorsichtig und geradeaus die B 403 und tauchen unmittelbar in eine herr(schaft) liche Ruhe und Muße der alten **Grafschaft Bentheim** ein. Mit dem Goldammerweg geht es am Sportplatz vorbei auf eine Kreuzung mit dem Knotenpunkt (KP) 72 zu, an dem wir nach links abbiegen und nun dem **grünen Pfeil** durch Feld und Wald bis zum KP 12 folgen. Hier wenden wir uns nach rechts, um in die pure Idylle einzufahren. Zum ersten Mal geht es über die **Dinkel,** hinter der Brücke an den **kunstwegen** vorbei und baumumsäumt auf den KP 37 zu.

Hier biegen wir nach links ab und fahren mit der herrlichen **Eichenallee** an reetgedeckten, holländisch anmutenden Häusern in die **❶ Herrlichkeit Lage** ein. Der malerische Ort ist mit seinem Ensemble aus Wassermühle, Dorfkirche, Teestube und der versteckt liegenden Burgruine einfach bezaubernd. Gleich am Mühlenteich heißt uns Harry Assink herzlich in seiner **❷ Teestube Malle Mühle** willkommen, um unseren ersten Tee oder Kaffee einzunehmen. Seine Spezialitäten sind neben den zahlreichen Teesorten und Kaffee-Specials auch der selbst gebackene Kuchen. Vor allem der Dinkel-Apfel-Streusel ist ein Genuss – und draußen mit Blick auf die Mühle ist sein Teetisch einfach nur ästhetisch!

Nach unserer ersten Pause geht es hinter der Kirche und am Ende der Eichenallee nach links und mit dem grünen Pfeil in die Ortsmitte hinein. Mit der **Dorfstraße** (K 3) fahren

*Auf einer Länge von 180 Kilometern können auf den **kunstwegen** mehr als 80 Skulpturen von international renommierten Künstlern mit dem Rad er-fahren werden. Entlang der malerischen Vechte zählt die Route zu den anerkanntesten offenen Museen Europas.*

Kilometer: 46

Höhenmeter: 180

Stunden: 4,5

RUNDTOUR

Teestube Malle Mühle

wir geradeaus über die KP 66, 8 und 23 aus Lage wieder hinaus und auf den KP 56 zu. Hier überqueren wir vorsichtig die K 3 in Richtung KP 90. Nun wird es richtig winkelig-dinkelig.

Die ***Dinkel*** *ist ein 89 Kilometer langes Flüsschen, das in der Nähe von Coesfeld entspringt und bei Neuenhaus in die Vechte mündet. Von Deutschland geht es in die Niederlande und zurück nach Deutschland – es fließt „grenzenlos"!*

Gleich hinter der ersten Brücke über die Alte Dinkel gibt es einen schönen **3 Rastplatz,** der den Blick auf eine beliebte Badestelle in der „neuen" Dinkel freigibt. Vielleicht haben ja auch wir Lust, zumindest die Füße in die Dinkel zu tauchen. Nach diesem „Dinkeltreffen" geht es unmittelbar über die „neue" Dinkelbrücke zum KP 90. Hier biegen wir rechts ab, halten uns an der Wetterschutzhütte links und fahren auf den KP 2 zu. Fast unbemerkt sind wir zu *fietsern* geworden, denn mit dem Überqueren des **Dinkelkanals** sind wir in den Niederlanden angekommen. Am KP 2 biegen wir rechts in Richtung KP 6 ab und kommen an einem etwas zurückliegenden feinen **Schlösschen** vorbei, hinter dem wir wiederum nach links abbiegen. Hier folgen wir dem Straßenverlauf, um am Ende des Jonkershoeswegs nach rechts in die Hoofdstraat abzubiegen. Hinter der Brücke über die **Geele Beek** gelangen wir an eine Kreuzung mit dem Spiekweg, an der wir nach links abbiegen und

Vechte-Bad

mit der Dorpstraat ins Dorf **Lattrop** einfahren. An der Kirche vorbei geht es zunächst mit dieser *Straat* geradeaus über den KP 6 hinaus in Richtung KP 5 weiter. Vorher können wir aber noch einen Abstecher mit Päuschen an der schönen ❹ **Windmühle** machen, indem wir noch kurz nach rechts in den Hoonhorst einbiegen.

Zurück an der Dorpstraat geht es mit dieser aus dem Dorf zum KP 5 hinaus. Hier wenden wir uns nach rechts, um in Richtung KP 3 und dem kleinen Ort Tilligte weiterzu*fietsen.* Zuvor aber wird es schön holländisch-ländlich. Zunächst überqueren wir die Wasserläufe Omleidingskanaal und unmittelbar hinter der **Sternwarte** erneut die Dinkel, um hinter der nächsten Windmühle vorsichtig den Frensdorferweg nach links zu überqueren und auf schönstem Radelweg in weitem Bogen zum KP 3 und nach **Tilligte** hineinzufahren. Vorher können wir noch im ❺ **Café Erve Meinders** auf dem integrativen „Pflegebauernhof" einen weiteren *koffie met gebak* zu uns nehmen. Im „Kuchenhaus" werden täglich leckere Kuchen, Kekse und Sandwiches zubereitet, mit denen wir uns für zwischendurch ein wenig stärken können.

Für die Seele

Wer auf Kaffee nicht verzichten mag, erhält hier Herz- und Seelenfutter – auch Teeliebhaber werden fündig!

Holländermühle Lattrop

Kurz vor dem Ortseingang befindet sich links ein **religiöses Kleinod,** das der Gottesmutter von Lourdes geweiht ist. Ein Blick in diese Devotionalienlandschaft ist lohnenswert. Hinter der Kapelle grüßt uns eine rote Hand, die uns an den Kreisverkehr gemahnt, den wir nahezu geradeaus mit grünem Pfeil überqueren, um an den Parkplätzen der alten Halle vorbei auf die Hauptstraße zu gelangen. Hier wenden wir uns nach rechts und fahren mit der

Ijsboerderij 't Groot

Ootmarsumstraat (N 349) in die Dorfmitte hinein. An der Kirche erreichen wir den KP 3, den wir geradeaus in Richtung KP 10 überfahren. Nach rund 200 Metern überqueren wir vorsichtig die N 349 nach links in den Hunenborgweg hinein, dem wir unbeirrt weiter geradeaus folgen, um uns an der nächsten Weggabelung nach rechts am Beusemkolksweg eis-kalt erwischen zu lassen. Denn hier nimmt uns ein besonderer Hof in Empfang, der **6 Ijsboerderij 't Groot.** Der Zwischenstopp bei Familie Rekkers erlaubt uns eine genussreiche innere Abkühlung.

Die Eisfarm im Rücken, wenden wir uns nach links und fahren in westliche Richtung zum KP 16 weiter. Hier geht es direkt hinter dem **Hollandse Graven** nach links und eine Zeit lang am Graven entlang auf den KP 43 zu. Nun überqueren wir achtsam den Dusinksweg in den Timmusweg hinein, vertrauen uns noch ein wenig dem grünen Pfeil an, um nach einigem Hin und Her letztlich nach links in den herrlichen **Alleeweg** einzufahren. Diesem folgen wir auf dem *fietspad* geradeaus und unbeirrt bis zu seinem Ende, um vor dem

Friedhof nach rechts mit dem Oldenzaalsvoetpad am bezaubernden Molenhuis vorbei, durch ein schönes Gässchen hindurch und den Kirchenchor umradelnd direkt auf den **Kerkplein,** zum KP 69 und damit ins Herz von **7** **Ootmarsum** zu gelangen.

Nach Rast und Stadterkundung lassen wir uns vom KP 69 aus durch das Gässchengewirr wieder aus Ootmarsum hinausgeleiten und folgen dazu unbeirrt dem grünen Pfeil in Richtung KP 29. Nach Überqueren des Rondwegs (N 349) geht es wenig später links in den Weg Binnenes, mit dem wir am Campingplatz vorbei immer leicht hügelauf fahren und gleichzeitig in schönste Natur eintauchen. Wer hätte gedacht, wie wenig nieder die Niederlande hier sein kann!

Am Scheitelpunkt des Kuiperbergs und KP 29 angekommen, genießen wir kurz die Aussicht, um nach rechts in Richtung KP 33 auf herrlichen Feldwegen in die *hollandse landschap* hineinzurollen. Hier rauschen wir in eine Weite hinein, die die Seele emporfliegen lassen könnte! Hinter dem „Wäldchen“ gelangen wir

Das bezaubernde Städtchen ***Ootmarsum*** *hat den Charakter eines Museumsdorfs. Verwinkelte Gässchen, Kirchen, alte Häuser, Markt, Rathaus und Mühle, aber auch die Galerien, das Museum um den Maler Ton Schulten und das lokal gebraute Bier laden zum Verweilen ein.*

Ootmarsum

De Bronnen

an den querenden Nutterseweg. Hier geht es zunächst nach links, um jedoch unmittelbar nach rund 50 Metern rechts wieder in den Dalweg einzubiegen. Mit diesem rollen wir wenig später kurz bergab durch ein Wäldchen hindurch und gelangen an seinem Ende am Café Bij de Bronnen auf den querenden Wittebergweg, in den wir nach rechts einbiegen und entspannt noch ein kleines Stück abwärtsrollen. Doch vor der Rechtskurve am Ende des **Campingplatzes De Witte Berg** heißt es abgebremst und aufgepasst: Hier lässt uns der grüne Pfeil nach links in Richtung KP 34 in den Blauweweg abbiegen und in ein wunderbares Tal, **8 Het Springendal,** pedalieren. Wir folgen dem Weg rund 1,2 Kilometer nahezu immer geradeaus in das Naturschutzgebiet hinein, bis wir einen Fahrradparkplatz erreichen, an dem wir uns nach links und kurz zu Fuß in eine zauberhafte **Wald-Wasser-Teichoasen-Landschaft De Bronnen** hineinbegeben.

*Das **Naturreservat Het Springendal** wird auch als „Garten der Niederlande" bezeichnet. Es umfasst ausgedehnte Wälder, zahlreiche Quellen mit kleinen Teichen, Wasserfälle und quirlige Bachläufe. Weidende Schafe betonen den Heidecharakter des Tals.*

Nach unserer Mußepause geht es in Fahrtrichtung weiter, um nach wenigen Metern zum KP 34 zu gelangen. Hier wenden wir uns nach links in Richtung KP 93, um nun auf schönem Waldweg, hoffentlich weiterhin in ebenso schön müßiger Stimmung, geradeaus und seicht ansteigend auf eine Lichtung und Kreuzung zuzufahren, an der wir nach rechts in den Brandtorenweg einbiegen. Wir passieren den **Brandwachturm,** überqueren geradeaus den Hooidijk – hier hat uns der grüne Pfeil auch wieder – und radeln immer geradeaus auf dem schönem **Fietspad des Vlasbeekwegs** durch eine herrliche, im Herbst „violett brennende“ Heidelandschaft. Schon passieren wir die Landesgrenze, um kurze Zeit später am Ende Zur Grenze nach rechts in den Waldweg abzubiegen und auf den KP 94 zuzufahren. Hier wenden wir uns erneut nach rechts und gelangen mit der Hesinger Straße zum **9 Aussichtsturm Lönsberg.** Von oben genießen wir einen schönen Rundumblick über das, was noch vor uns liegt, und das, was wir im weiten Dinkelland bereits erfahren konnten.

Links an einem Gasthof vorbei geht es mit dem grünen Pfeil in Richtung KP 6 und hier nach rechts zum KP 9 weiter. Dabei rollen wir ganz entspannt in die Grafschaft hinein. Vom KP 9 gelangen wir über den KP 69 und am **Geschichtspark der Uelsener Quellen** vorbei zum KP 87, um nun vielleicht in eine bronzezeitliche Welt einzutauchen. Im **10 Bronzezeithof Uelsen** können wir sonntags 3000 Jahre zurück in die Vergangenheit reisen in ein Gehöft mit Haus, Speicher und Brunnen, das uns das Leben von damals nahebringen möchte. Zunächst aber sollten wir uns in **11 Blekker's Hofcafé** stärken. Es gehört zu einem denkmalgeschützten Ensemble des ehemaligen Hofes Blekker. Angeschlossen sind ein Wohnheim und Werkstätten für Menschen mit Behinderung. Im integrativen Café können wir uns – natürlich – Kaffee und selbst gebackenen Kuchen und Torten einverleiben. Und im Obergeschoss erhalten wir im Ausstellungsbereich auch werktags Einblicke in die Bronzezeit.

Wir setzen unseren Weg in Richtung Uelsen und KP 98 fort. Dazu passieren wir das Waldfreibad, die stolz aufragende Windmühle (aller guten Mühlen sind drei), den netten Parksee und das schöne **Rathäuschen.** Vom KP 98 radeln wir in Richtung KP 82 weiter, um hier auf der gegenüberliegenden Straßenseite der B 403 mit dem grünen Pfeil in Richtung KP 11 weiterzufahren. Schon tauchen wir wieder in die Ländlichkeit und Weite der Grafschaft ein. Links erhebt sich der Spöllberg, der einen großen frühzeitlichen Grabhügel beheimatet. Am KP 11 setzen wir unseren Weg geradeaus fort und fahren auf den KP 71 zu, an dem uns eine feine **Rasthütte** „an de Hoffbecke" erwartet. Doch sollten wir noch einmal kurz nach links in Richtung KP 88 abbiegen, um wenig später ⓬ **Epmann's Hof-Café und Peter's Garten** zu erreichen. Im Café mit bezauberndem bäuerlichen Ambiente können wir uns noch einmal mit selbst gebackenem Kuchen und natürlich einem Tässchen Kaffee verwöhnen lassen. Gegenüber finden wir uns in einem herrlichen bunten Garten wieder, in dem Peter uns ebenso herzlich mit einem Warm- oder Kaltgetränk willkommen heißt. Ein zweifaches Muss!

Nach einer ausgiebigen Pause geht es auf unseren letzten Streckenabschnitt und weiter mit dem grünen Pfeil vorsichtig über die B 403 hinweg auf den KP 88 zu. Hier biegen wir links ab, fahren unter der B 403 hindurch und direkt in **Neuenhaus** ein. Wir überque-

Blekker's Hofcafé

ren noch einmal das uns so vertraut gewordene Flüsschen Dinkel und fahren auf das sehr schöne, noch einmal niederländisch anmutende Rathaus von 1793 am KP 2 zu. Wer noch energiegeladen ist, kann das schöne Neuenhaus durchstreifen und zum KP 99 hin eine kleine, aber feine Rundtour um den Stadtgraben herum unternehmen. „Wer den Kaffee auf hat", der folge direkt dem grünen Pfeil in Richtung KP 18. Noch einmal geht es an die Dinkel heran, an der Fährstelle vorbei und unter der B 403 hindurch, um mit Schwung aufwärts über den KP 18 hinweg zum KP 72 zu gelangen. Schon hat uns vertrautes Grafschafter Terrain wieder, denn wir setzen unseren Weg nur noch einmal geradeaus über den **Goldammerweg** fort und gelangen zur B 403 und nach diesem grenzenlosen Radelvergnügen zu unserem Ausgangspunkt an der Bahnstation zurück.

Gölenkamp
Veldhausen
Dinkel
403
Hilten
12
Neuenhaus
Uelsen
11
10
P
403
Thesingfelder Straße
Höcklenkamp
Grasdorf
Uelsener Straße
2
1
Lage
Dinkel
Grenzstraße
Alte Dinkel
9
Halle
K3
3
Hesinger Straße
Dinkelkanal
Breklenkamp
DEUTSCHLAND
8
Springendal & Dal van de Mosbeek
Blauweweg
Hoofdstraat
Laagsestraat
NIEDERLANDE
Lattrop
4
Dinkel
Ottershagenweg
Oud Ootmarsum
Frensdorferweg
Omleidingskanaal
Kuiperberg
7
5
Lattropperstraat
Oldenzaalsestraat
Ootmarsum
Tilligte
6
N349
Denekam

ALLES AUF EINEN BLICK

Entspannung

Abenteuer

Vielfalt

WIE & WANN

Überwiegend autofrei, zwischendurch leichte Hügelauf- und seichte Abfahrten; ganzjährig bei gutem Wetter befahrbar.

HIN & WEG

Auto: Parkplatz am Bahnhof Neuenhaus-Süd, Nordhorner Straße, 49828 Neuenhaus
ÖPNV: Bahnhof Neuenhaus-Süd

ESSEN & ENTSPANNEN

2 **Teestube Malle Mühle,** Eichenallee 1, 49828 Lage, www.mallemuhle.de
5 **Café Erve Meinders,** Westenveldweg 13, 7634 PW Tilligte (Niederlande), Tel. +31 (5 41) 70 02 28, www.ervemeinders.nl
6 **Ijsboerderij 't Groot,** Beusemkolkweg 22, 7634 PA Tilligte (Niederlande)
11 **Blekker's Hofcafé,** Am Feriengebiet 5, 49843 Uelsen, Tel. (0 59 42) 98 93 88
12 **Epmann's Hof-Café und Peter's Garten,** Epmannsteege 4, 49828 Neuenhaus, Tel. (0 59 41) 80 60

ENTDECKEN & ERLEBEN

1 **Herrlichkeit Lage**
3 **Rastplatz „Dinkeltreffen"**
4 **Holländermühle Lattrop**
7 **Historisches Ootmarsum**
8 **Het Springendal**
9 **Aussichtsturm Lönsberg**
10 **Bronzezeithof Uelsen**

Mühlengeklapper

Rund um den Windmühlenberg

Wir satteln am Knotenpunkt (KP) 67 am **Elisabeth-Krankenhaus in Thuine** (Einmündung Klosterstraße/Hauptstraße) auf und fahren mit der Hauptstraße nördlich in Richtung KP 97. Wenig später biegen wir mit dem grünen Pfeil nach rechts Zum Felsberg ab, fahren über die B 214 hinweg, passieren den **Generationentreff** und gelangen an die Kreisstraße K 322. Dieser folgen wir nach rechts und rollen uns nun gemächlich ein. Auf dem durch Feld und Flur parallel zur K 322 verlaufenden Radweg gelangen wir in der Bauernschaft **Rentrup** über den KP 97 hinweg zum unmittelbar folgenden KP 55, an dem wir hinter einem Steinkreuz nach rechts abbiegen und in Richtung KP 48 weiter und wenig später in **Espel** einfahren. An der nächsten Einmündung wenden wir uns bereits wieder nach links, passieren die Bushaltestelle Espel und fahren an einer schönen Eichenbaumreihe entlang auf geradem Wege auf den Kirchturm zu und in **Langen** ein. Am KP 35 wenden wir uns nur wenige Meter nach links, um hier unseren ersten Kaffee einzunehmen. In der **❶ Landbäckerei** backt seit Generationen die Familie Bruns Brot, Brötchen und Kuchen noch immer selbst. Doch hat Marlies Bruns noch etwas Besonderes für uns im Angebot: den im Emsland nur noch hier per Hand und nach Opas Rezept gebackenen Zimtzwieback. Gefühlt und geschmeckt wie früher; einfach nur knusprig lecker!

Vom KP 35 aus fahren wir hinter der St.-Matthias-Kirche rechts in die Rutener Straße ein und vertrauen uns nur kurz dem **grünen**

*Bei **Marlies Bruns** geht der Zwieback „7x durch die Hände“, bis er fertig ist:*
1. Teig machen,
2. Teig lang machen und auf das Blech bringen,
3. im Ofen abbacken,
4. stürzen,
5. in Scheiben schneiden,
6. mit Butter und
7. Zimt bestreuen – eine süße Handarbeit!

Kilometer: 49

Höhenmeter: 140

Stunden: 5

RUNDTOUR

Pfeil in Richtung KP 68 an, denn in Ruten lassen wir den Pfeil an der nächsten Einmündung nach links liegen; wir halten uns rechts, um unmittelbar hinter dem gelben Ortsschild nach links abzubiegen und wenig später zum **Hofladen Dreiwe Inn** zu gelangen. Neben den selbst gemachten Frischei-Dinkel-Wellen-Nudeln gibt es auch Kaffee und Eis zum Verzehr.

Wir setzen unseren Weg in Fahrtrichtung fort, um an der nächsten Querstraße nach rechts und unmittelbar wieder nach links abzubiegen, damit den Hof zu umradeln und auf einen Strommast zuzufahren. An der Kreuzung nehmen wir weiterhin den Asphaltweg nach links und fahren geradewegs auf die Landstraße (L 60) zu, die wir vorsichtig auf Höhe der Bushaltestelle Uhlenberg überqueren. Die Straße Zum Holtesch führt uns nun an ein **schönes Hofensemble** und die Bushaltestelle Sopenhook/Kessens heran, an der es nach rechts am Ausläufer des in der Ferne aufragenden (!) Windmühlenberges (91 m) in Richtung Osten weitergeht, bis wir rechter Hand unsere erste Mühle, die alte **Mühle auf dem Uhlenberg,** erblicken. An der L 66 auf Höhe der Bushaltestelle Völkernhoek angekommen, überqueren wir diese nach rechts, um gleich wieder nach links Am Völkerring einzubiegen. In der nahen Ferne erblicken wir das schöne **Kirchenduo Lengerichs,** überqueren geradeaus die Kreuzung in die Schotterstraße hinein und fahren wenig später auf eine Querstraße zu. Hier biegen wir nach rechts ab und fahren auf den Kirchturm zu, überqueren mit dem grünen Pfeil achtsam die Nordstraße (L 60) und gelangen mit der Kirchstraße an den KP 17. An dieser Stelle biegen wir links ab und folgen dem **grünen Pfeil** am Mahnmal vorbei in den schönen **2 Bürgerpark** hinein.

Für die Seele

Wie Wind und Wasser den Mühlen Stärke geben, so lassen wir uns vom Rauschen mit Seelenkraft umfangen.

Hier böte sich ein Päuschen in gepflegter Umgebung an, um dann mit dem grünen Pfeil auf geschwungenem Wege und hinter der Holzbrücke nach rechts auf der geraden Graf-Droste-zu-Vischering-Allee wieder den Park zu verlassen und zum KP 9 zu gelangen. Wer Lust hat, den Marktplatz mit der spätromanischen **Kirche St. Benedikt** und der altehrwürdigen **evangelisch-reformierten Kirche** zu besuchen, drehe die Lengericher Knotenpunktrunde vom KP 9 über die KP 93, KP 11 und nochmals KP 17 zum KP 9 zurück. Ab hier aber, am KP 9, folgen wir weiterhin dem grünen Pfeil über die Oststraße (L 66) hinweg zum KP 63.

Am KP 63 stoßen wir auf die Dorfstraße, der wir nach links in Richtung KP 85 folgen. Wir erreichen auf Höhe der Bushaltestelle Schulte-Südhoff die Lengericher Straße (L 60), die wir achtsam überqueren, und lassen uns von der Steppenberger Straße aufnehmen, die uns nach Handrup hineinführt. Wir folgen weiterhin dem grünen Pfeil, und nachdem wir das mit Efeu umrahmte Ortsausgangsschild passiert haben, heißt es aufgepasst. Wenn wir auf die Einmündung treffen, lassen wir den grünen Pfeil links im Moorhook liegen und folgen der Straße Am Esch nach rechts, um in einem weiten Rechtsbogen geradewegs über die Bahnhofstraße (K 317) hinweg zur L 60 und dem ❸ **Kloster Handrup** zu gelangen. Das Herz-Jesu-Kloster beherbergt die Ordensniederlassung der Dehonianer, die sich vor allem der portugiesischsprachigen Menschen annehmen. Es hat zudem auch noch das Gymnasium Leoninum unter seinem Dach.

Die Klosterkirchentür im Rücken, folgen wir kurz der Hestruper Straße nach links, um mit dem grünen Pfeil unmittelbar nach rechts abzubiegen und mit der Dorfstraße am großen Findling und dem Jugendheim vorbei erneut in Handrup ein- und auf den KP 52 zuzufahren. Hier erreichen wir das ❹ **Landgasthaus Els,** in dem wir am Wochenende eine gutbürgerlich-kulinarische Pause einlegen können.

Nach hoffentlich ausgiebiger Pause setzen wir vom KP 52 aus unseren Weg zum KP 84 fort, um an der **Emsland-Route** gelegen gleich zwei schöne Mühlen mit einer Klappe zu schlagen. Zunächst geht es zur ❺ **Wassermühle Hesemann,** einer Mühle mitten im Grünen! Seit mehr als 200 Jahren steht dieses Mahlwerk am rau-

Kloster Handrup

Wassermühle Hesemann

schenden Hestruper Mühlenbach. Heute klappert sie im Sommer allerdings seltener – obwohl sie es jederzeit könnte, denn das technische Denkmal ist samt Mahlwerk vollständig erhalten, tadellos in Schuss und funktionsfähig. An der nächsten Kreuzung biegen wir nach rechts ab und gelangen geradeaus und kurz hinter dem KP 84 zur **6 Ramings Mühle.** Eingebettet in eine idyllische Wald- und Teichanlage, ist sie ein Highlight unserer Tour. Der älteste Teil der oberschlächtigen Wassermühle stammt aus dem Jahr 1550. Zusammen mit dem Backhaus bildet sie ein Ensemble, in dem sich alles ums „Mahlen und Backen" dreht.

Zurück am KP 84 wenden wir uns nach rechts, um weiterhin Am Mühlenteich mit der Emsland-Route geradewegs über den KP 2 hinweg zum KP 89 zu gelangen. Wir überqueren geradeaus die L 66 und gelangen nach rund 200 Metern an unser nächstes Etappenziel: den **7 Saller See.** Der See überrascht als eine Oase in dieser weiten Felder- und Wiesenlandschaft. Hier herrscht im Frühling Hochstimmung für Singvögel, Enten, Blesshühner und Gänse, und für uns ist Erholung pur angesagt. Im **8 Bistro** können wir ein weiteres Mal auftanken und von der Seeterrasse aus einen schönen Blick auf unser Gewässer werfen.

*Am **Saller See** befindet sich ein gepflegtes Kneipp-Wassertretbecken, sodass auch einem kühlen Fußbad nichts im Weg steht.*

Saller See

Gestärkt und gekühlt geht es zurück zum KP 89, um nach rechts auf den parallel verlaufenden Radweg der L 66 einzubiegen und auf den KP 23 zuzufahren. Dazu überqueren wir nach rund 800 Metern aufmerksam die L 66 in die Brambergstraße hinein, fahren um die Rechtskurve, biegen nicht mit dem grünen Pfeil nach links ab, sondern folgen am Kaninchenberge der Straße nach Südosten am Waldrand entlang bis zur Fuchsbergstraße. Nach rechts geht es nun wieder mit dem grünen Pfeil zur B 214, mit einem Links-rechts-Schwenk zum KP 21 und mit der Kirchstraße nach **Andervenne** hinein.

An der **St.-Andreas-Kirche** nehmen wir die Pfarrer-Gockel-Straße in Richtung KP 15, biegen unmittelbar vor dem Ende-Tempo-30-Schild gleich wieder nach links in den tollen Radweg ein und radeln geradewegs am Feld entlang auf die Kreuzung zu, die wir geradeaus in die **Kralage** hinein passieren. Nach der Rechtskurve heißt es aufgepasst, denn nun werden wir die nächste Zeit ohne grüne Wegweisung auskommen müssen. Die Kirchtürme und ein weißes Haus vor Augen, gelangen wir an eine Einmündung, an der wir den grünen Radwegweiser „Beesten 11,5 km/Freren 2,2 km“ ignorieren und stattdessen nach links in die Bis-7,5-Tonnen-Straße einbiegen. Gleich geht es an einer von einer kleinen Baumgruppe überdachten **Wasserpumpe** vorbei und auf eine Kreuzung im Achteresch mit schöner Sitzgruppe zu, an der wir nach links abbiegen und nach so viel wegweisenden Infos einmal kurz durchschnaufen können. An der übernächsten Einmündung zur Ostwier Straße wenden wir uns nach rechts, um gleich wieder links in die Setlager Straße einzubiegen.

Auf glattem Asphalt rollen wir durch die Landschaft, in der sich Hof und Feld abwechseln und uns immer tiefer in diese Land-Wirtschaft eintauchen lassen. Hinter der Brücke und kurz vor dem grünen Ortsschild Setlage biegen wir rechts ab, fahren parallel zum Wassergraben der Deeper Aa, lassen die nächste Brücke rechts liegen und folgen der Linkskurve, um einige Zeit später an einer **Sitzgruppe mit Holzeule** an eine querende Asphaltstraße zu gelangen. Hier biegen wir rechts ab und gelangen am Ende der Straße Eichengrund und an einem großen Kreuz mit Gedenkstätte an die L 56. Hier wenden wir uns nach links, nehmen den parallel verlaufenden Radweg, lassen uns nett von den Setlagern grüßen und überqueren die Ahe ins Drei-Kreise-Eck der Kreise Emsland, Osnabrück und Steinfurt hinein. Doch wir bleiben dem Emsland treu, überqueren vor der Hochspannungsleitung mit grünem Pfeil achtsam die L 56 und setzen unseren Weg parallel zur hohen Leitung nach Westen fort. An der nächsten Querstraße biegen wir nach links in den Feldhoek ab und kurz darauf nach rechts in die **Eichenallee** hinein. Diese macht ihrem Namen alle Ehre, und gut geeicht gelangen wir an die L 56 zurück, an der wir nach links unseren nächsten, iberisch angehauch-

Gut Hange

ten Zwischenstopp erblicken, die Fazenda da Esperanca auf dem alten **9 Gut Hange.**

Vom Gut Hange geht es am KP 74 auf den nahe gelegenen KP 58 zu, an dem wir die L 56 erneut nach rechts überqueren und in den Buschwall ein- und in Richtung KP 33 weiterfahren. Nun erleben wir rechter Hand ein Wechselspiel an steinernen Brückchen, bis wir in **Freren** einfahren und, mit grünem Pfeil uns links haltend, zur Kreuzung Am Wiesengrund mit der Wiesenstraße gelangen. Wir biegen nach links in diese Wiesenstraße ein, die uns ohne grünen Pfeil an schönen Vorgärten vorbei wieder aus Freren hinausführt, um am idyllischen Haus Lis nach rechts und auf die Bahnhofstraße (L 56) zuzufahren. Diese überqueren wir nach halb links und gelangen über die Geringhusener Straße und an der nächsten Abzweigung nach rechts zu unserem nächsten gastronomischen Highlight, dem **10 Evers Landhaus.** Im **Café & mehr** heißt uns Christoph Evers herzlich zu Kaffee und selbst gebackenen Kuchen willkommen. Insbesondere bittet er uns zu seiner seitlichen Extra-Fenster-Ausgabe zum „& mehr“, wo wir ein Super-Softeis bekommen und uns genussvoll einverleiben können.

Nach einer wohltuenden Pause radeln wir auf die Kreuzung mit Mariengrotte und Rastplatz zu, an der wir nach rechts in die Loher Straße einbiegen, mit der

*Das **Gut Hange** hat eine lange Geschichte. Erst Rittergut und Wasserburg, diente es viele Jahre als Franziskanerinnenkloster. Heute bewirtschaftet das Gut die Fazenda da Esperanca, die es sich zur Aufgabe gemacht hat, suchtkranken Menschen zu helfen.*

wir weiter geradeaus über die K 304 hinweg in Lohe einfahren. In dieser feinen Ortschaft begegnet uns ein schönes Ensemble herausgeputzter 11 **Heuerhäuser.**

Am Ende der Loher Straße folgen wir der Brookstraße und dem grünen Pfeil durch **Lohe** hindurch, um an der nächsten Kreuzung nach rechts in die Kirchstraße einzubiegen. Mit dieser geht es aus Lohe hinaus, über die L 58 hinweg und auf eine Abzweigung zu, an der wir halb rechts in die Straße **Auf der Lage** einbiegen, die uns wenig später am Hof Enneken zur „kleinsten Kneipe der Welt“ bringt. Unter schattigen Bäumen können wir hier noch einmal aus der „Haus-Kühlbox“ auftanken, bevor es unmittelbar vor dem schönen alten Bauernhaus nach links und etwas später auf die Querstraße Kunkenbecke zugeht. In diese biegen wir nach rechts ein und erreichen unmittelbar einen weiteren Hofladen mit großem Sortiment, insbesondere aber Kaffee und Kaltgetränken. An der nächsten Einmündung biegen wir nach links und erneut in die Kunkenbecke ein und fahren mit dem grünen Pfeil auf den Turm der **Christus-König-Kirche** im Franziskanerinnenkloster Thuine zu. Am KP 8 geht es noch einmal nach rechts, und wenig später haben wir unseren Ausgangspunkt am Elisabeth-Krankenhaus wieder erreicht.

__Heuerhäuser__ sind eine historische Besonderheit der Region. Sie wurden von den wohlhabenderen Bauern an einfache Landarbeiter und Tagelöhner vermietet. Ein Teil der Heuer wurde durch Arbeit beim Bauern abgeleistet; der Rest musste in Bargeld aufgebracht werden.

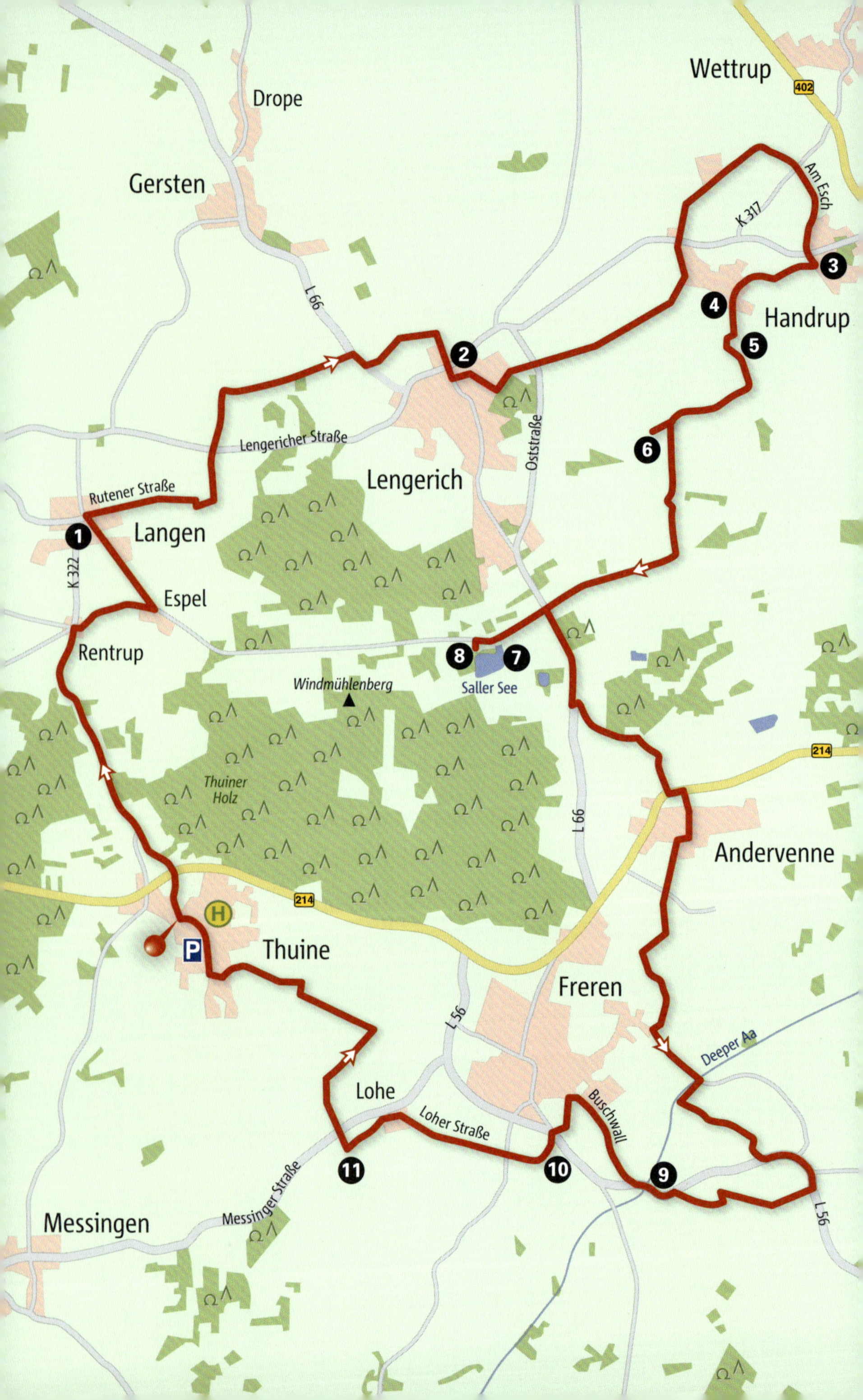
Wettrup
402
Drope
Gersten
Am Esch
K 317
3
4
Handrup
5
L 66
2
Lengericher Straße
Oststraße
6
Lengerich
Rutener Straße
1
Langen
K 322
Espel
Rentrup
8
7
Saller See
Windmühlenberg
Thuiner Holz
L 66
214
Andervenne
H
P
Thuine
Freren
L 56
Deeper Aa
Lohe
Buschwall
Loher Straße
11
10
9
L 56
Messingen
Messinger Straße

ALLES AUF EINEN BLICK

Entspannung 4 von 5
Abenteuer 1 von 5
Vielfalt 3 von 5

WIE & WANN

Überwiegend autofrei, asphaltiert und keine Steigungen; ganzjährig befahrbar, eine Satteltasche extra für kleine Leckereien mitnehmen.

HIN & WEG

Auto: Parkplatz an den berufsbildenden Schulen, Klosterstraße, 49832 Thuine
ÖPNV: Haltestelle Thuine Rickermann

ESSEN & ENTSPANNEN

1 **Landbäckerei Bruns,** Thuiner Straße 5, 49838 Langen, Tel. (0 59 04) 6 10
4 **Landgaststätte Els,** Dorfstraße 13, 49838 Handrup, Tel. (0 59 04) 6 50
8 **Bistro Café am Saller See,** Sudderweh 2, 49838 Lengerich, Tel. (0 59 04) 9 63 96 87
10 **Evers Landhaus Café & mehr,** Geringhusener Straße 2, 49832 Freren, Tel. (0 59 02) 4 00, www.cafe-evers.de

ENTDECKEN & ERLEBEN

2 **Bürgerpark Lengerich**
3 **Kloster Handrup**
5 **Hesemann'sche Wassermühle**
6 **Ramings Mühle**
7 **Saller See**
9 **Gut Hange**
11 **Loher Heuerhäuser**

Wippinger Mühle

Geheimnisvoll

Unterwegs im Hümmling

Diese Rundfahrt verläuft überwiegend im militärischen Sperrgebiet. Am Wochenende sind wir auf jeden Fall auf der sicheren Seite, diese Tour uneingeschränkt unternehmen zu können (siehe hierzu Auf einen Blick). Los geht's am Bahnhof Dörpen mit dem **grünen Pfeil** in Richtung Wippingen und zum Knotenpunkt (KP) 81. Dazu nehmen wir den parallel zur K 112 verlaufenden Radweg, fahren geradeaus über den KP 81 und den im Dornröschenschlaf schlummernden Seitenkanal Gleesen-Papenburg hinweg auf den KP 73 zu. Hier biegen wir rechts ab, um über die KP 45 und 52 und unter der stillgelegten Magnetschwebebahn hindurch auf die Kreuzung Strootburg/Heyenhorst und Wippingen zuzufahren. Diese überqueren wir vorsichtig geradeaus und rollen auf unser erstes Highlight, die ❶ **Wippinger Mühle,** am KP 32 zu. Wenn Freizeitmüller Heinz Schulte vor Ort ist, erfahren wir alles rund um das schöne Ensemble aus Heimathaus, Backhaus, Schmiede und Pfarrgarten mit Streuobstwiese und Benjeshecke, dessen holländische „Durchfahrtsmühle“ aus dem Jahre 1863 jedoch das Herzstück ist. Früher konnte ein Pferdegespann seine Kornsäcke direkt am Kornboden anliefern. Jeden ersten Sonntagnachmittag und feiertags gibt es zudem eine Kaffeetafel mit selbst gebackenem Kuchen, zu der uns der EMSige Heimatverein einlädt.

Nach Rast und Besichtigung setzen wir unsere Tour zum nahe gelegenen KP 10 fort. Im ❷ **Café am Dorfladen Uhlen** erhalten wir auch werktags ein erstes *Käffken* oder Kaltgetränk. Vom KP 10 fahren wir mit der Straße

Kilometer: 52

Höhenmeter: 160

Stunden: 5,5

RUNDTOUR

*Der **Hümmling** ist eine sandige, leicht geschwungene Hügellandschaft, die von Wald, Moor und Heide geprägt ist. Die Landschaftsvielfalt des Geestrückens birgt zahlreiche prähistorische Großsteingräber, Wasser- und Windmühlen und das herrliche Jagdschloss Sögel.*

Zum Turm (K 114) in Richtung KP 39. Nachdem wir den Eichenkamp und eine Bushaltestelle passiert haben, heißt es aufgepasst: Auf Höhe des **Hofes Klaas** folgen wir nicht mehr dem grünen Pfeil, sondern biegen rechts ab und folgen der Straße etwas mehr als 1,5 Kilometer bis zu einer Kreuzung, an der wir rechts eine Sitzgruppe und ein Kreuz „IN MEMORIAM … IKARUS“ erblicken. Hier biegen wir erneut rechts ab, nähern uns einem Wäldchen an und „erstrampeln“ einen Gipfel des Hümmlings, den **Uhlenberg** (imposante 24,95 Meter über Normalnull!).

Eine Bank lädt uns zum Verweilen ein, um umgeben von Wald und Feld kurz durchzuschnaufen. Danach lassen wir uns nach rechts gemütlich den „Berg“ hinabrollen, um am Ende der Gutshofstraße vorsichtig die Wahner Straße (K 168) zu überqueren und unsere Fahrt nach links an den Schranken und der Ampel vorbei ins Schießgebiet fortzusetzen. Auf dem parallel zur Straße verlaufenden Radweg fahren wir unter Schatten spendenden Bäumen und an wogenden Weizenfeldern vorbei gen Süden und der Sonne entgegen. Wenn wir die Holzbrücke überquert haben, haben wir die Hälfte unserer geraden (Durst-)Strecke bewältigt und gelangen an eine eindrucksvolle Erinnerungsstätte, die **3 Alte Dorfstelle Wahn.** Um den Schießplatz zu erweitern, wurden hier zwischen 1939 und 1941 gegen teilweise heftigen Widerstand 177 Wahner Familien in die Umgebung umgesiedelt. Heute erinnern zahlreiche Schilder an die Lage der ehemaligen Gehöfte. Auch der Grundriss der alten **Antoniuskirche** und der verlassene Friedhof zeugen davon, dass wir einen Ort der besonderen Art besuchen.

Alte Dorfstelle Wahn

Nach dem Schauen und Erinnern setzen wir unseren Weg entlang der alten Kopfsteinpflasterstraße zu unserem nächsten Seelenort fort. Dazu orientieren wir uns auf Höhe des Infopavillons am Wanderschild in Richtung zum **Hümmlinger Pilgerweg/**Batakhaus/Steinkreis. In Pferdefuhrwerk-Tempo nehmen wir achtsam unsere Fahrt links an der **Madonna** vorbei auf.

Wir ignorieren das Schild Sackgasse und folgen dem Kopfsteinpflaster an alten Hofstellen wie Möhlenkamp, Kleemann, Zuckerdirk und Dierkes vorbei. Fast scheint es so, als hätten die früheren Einwohner einen Teil ihrer Seele zurückgelassen. Langsam geht bei Bloms am Ende des ehemaligen Dorfes das Kopfsteinpflaster in einen sandigen Waldweg über, der aber schon nach kurzer Zeit am Waldende und an einem videoüberwachten „Briefkasten“ zu einem gut befahrbaren Asphaltweg wird. Schon an der nächsten Kreuzung, wenn von links ein Schotterweg und rechts ein Stacheldrahtzaun auftauchen, heißt es erneut aufgepasst: Hier biegen wir rechts ab und fahren kurz hügelauf, um unerwartet und mitten in der Landschaft auf das **„Stonehenge“ des Hümmlings** zu sto-

Für die Seele

In den Höhen und Tiefen des Hümmlings erforschen wir die Seelenverwandtschaft mit fremden Kulturen.

*Der traditionsreiche **Hümmlinger Pilgerweg** führt von Stein zu Stein. Dazu geht es auf fünf Etappen und 90 Kilometern zu Fuß durch Wald, Feld, Busch und Heide, um Schöpfung und Natur auf meditativ-spirituelle Weise zu erleben.*

Steinkreis Werpeloh

Batakhaus

ßen. Der 4 **Steinkreis Werpeloh** besteht aus einem inneren und einem äußeren Kreis sowie einzelnen Granitfelsen mit einem Altarstein in der Mitte. Die Felsen um den Altarstein herum stehen zeichenhaft für die Sommer- beziehungsweise Wintersonnenwende. Der geheimnisvolle Ort und der herrliche Rundumblick können tatsächlich das Gefühl aufkommen lassen, sich an einem Kraftort zu befinden.

Nach so viel Kreisen rollen wir, von Eichen umsäumt, hügelab auf das Örtchen **Werpeloh** zu. Wenn wir die Hauptverkehrsstraße (K 114) erreicht haben, wenden wir uns nach rechts und fahren hinter dem Ortseingangsschild mit einer Linkskurve auf unsere erste gastronomische Einkehr zu, den 5 **Werpeloher Hof.** An diesem „Bikertreff" sollten wir uns keinesfalls scheuen, unsere kleinen Räder neben den großen Geschwistern abzustellen, denn nach dem Inhabermotto „Bike ist Bike" sind auch wir Radler herzlich willkommen. Im Biergarten können wir richtig auftanken, indem wir uns vielleicht einen Burger für Börger, unser nächstes Ziel, gönnen.

Zuvor besuchen wir noch ein wie „vom Himmel in den Hümmling gefallen" wirkendes Kleinod, das 6 **Batakhaus.** Wir finden es nicht weit vom Werpeloher Hof und gut ausgeschildert vom KP 4 aus in der Baumgruppe hinter der Kreuzung rechts.

Nach dieser Exotik wird es wieder heimisch. Dazu fahren wir vom KP 4 auf Höhe des Ehrenmals mit grünem Pfeil in Richtung Börger und auf den KP 56 zu. Hier biegen wir nach links ab und radeln in Richtung KP 62 weiter. Nahezu immer geradeaus rollen wir, mal leicht abwärts, mal leicht aufwärts, durch die schönen **Klöbertannen,** die prähistorische Steingräber vor uns verbergen, um am KP 62 nach rechts abzubiegen und dem grünen Pfeil in Richtung KP 81 zu folgen. Zunächst geht es auf asphaltiertem Wege geradeaus und dann über die Kreuzung hinweg in einen Schotterweg hinein. Mit einem Rechts-links-Schwenk und grünem

*Das **Batakhaus** besteht nur aus einem Raum und ist ein Pfahlhaus der Batak, eines auf der Insel Sumatra lebenden indonesischen Volksstamms. Das Haus wurde 1978 als eine Brücke für Freundschaft, Frieden und Völkerverständigung errichtet.*

Kirchenfenster St. Jodocus

Pfeil kommen wir schnell wieder auf Asphalt zurück, auf dem wir unmittelbar am Waldrand entlang zu einer Kreuzung rollen, an der wir nach rechts abbiegen und einem Plattenweg mit Grünstreifen in der Mitte durch ein Waldstück folgen.

Der Weg führt uns über die nächste Kreuzung geradewegs am Orteingangsschild vorbei ins, wir werden sehen, „steinreiche" **Börger** hinein. Schon tauchen die ersten Börger-Häuser mit großzügigen bunten Vorgärten auf. Am Übergang auf die Dosfelder Straße treffen wir auf eine schöne Sitzgruppe mit Kreuz, an der wir noch einmal durchschnaufen können, um uns zum nächsten prähistorischen Zeugnis zu begeben. Dazu geht es an der T-Kreuzung Nordkamp/Mühlenstraße kurz nach rechts und gleich wieder mit grünem Pfeil nach links Zum Opferstein hinein. An der nächsten Kreuzung wenden wir uns nach links und können schon den beeindruckenden **7 Opferstein** in Augenschein nehmen. Wir fahren zur Kreuzung zurück, überqueren diese geradeaus und gelangen am Ende der Bergstraße an die Neubörger Straße (L 62). Dieser folgen wir nach rechts und fahren an einer Steininsel vorbei auf die **8 St.-Jodocus-Kirche** am KP 95 zu. Empfohlen sei ein Kurzbesuch des Gotteshauses, um die farbenfrohen Fenster auf uns wirken zu lassen. Der Künstler Tobias Kammerer hat diese modernen, ungewöhnlichen Fenster entworfen, die in Stil und Farben an Marc Chagall erinnern. Die Kirche ist zudem die älteste neugotische Hallenkirche des Emslands.

Heimathaus Börger

Links am Kirchenschiff vorbei fahren wir in Richtung Gewerbegebiet weiter, um an einer schönen Sitzgruppe nach rechts in die Kirchstraße einzubiegen. Wenig später können wir uns in 9 **Lübbers Hüsken** mit Getränken oder Eis proviantieren, die wir am besten einige Meter geradeaus am idyllisch gelegenen Teich im 10 **Garten des Heimathauses** in aller Ruhe und Abgeschiedenheit genießen können.

Nach einer ausgiebigen Rast geht es mit der Kirchstraße und Hauptstraße zurück zur St.-Jodocus-Kirche. Am KP 95 biegen wir mit dem grünen Pfeil nach rechts ab, überqueren nach rund 200 Metern vorsichtig die L 51 nach links und folgen der Straße Am Hünenstein geradeaus über den KP 81 hinweg. Den Namensgeber finden wir kurz vor dem Ortsausgang an der Kreuzung mit dem Herbergsweg. Diesen überqueren wir geradeaus, lassen die L 62 links liegen und fahren auf den KP 36 zu. Von viel Wald umgeben lassen wir uns nun gemächlich immer geradeaus auf glattem Wege den großen Hümmling hinabrollen. Am KP 36 grüßen uns noch einmal am **Kolpingkreuz** ein paar Klein-Findlinge, die uns den Weg geradeaus auf den KP 93 zu weisen.

Langsam haben wir das Waldgebiet hinter uns gelassen und uns vom Schloppenberg weiterhin hügelabwärts „aufs Feld“ begeben.

Vom KP 93 geht es zum KP 64 an der K 113 weiter. Hier fahren wir links und steuern den KP 82 an, an dem wir nach links in Richtung KP 90 abbiegen, um direkt in die Mitte Neubörgers einzufahren. Zuvor aber überrascht uns noch Sophie Voss mit ihrem **grazil-weißen Schranklädchen,** „in“ dem wir liebevoll von Hand gefertigte Unikate entdecken können. Am KP 90 überqueren wir geradeaus die Hauptstraße (L 62), passieren mit der Kirchstraße (K 112) die Herz-Jesu-Kirche und erreichen ein bodenständiges Etappenziel, den **⑪ Heimathof im historischen Dorf Neubörger.** „Kum eben dein“: Dieser Einladung folgen wir gerne, um uns auf kurzen Wegen im kleinen, feinen Museumsdorf umzuschauen.

Schranklädchen

An der Kreuzung Kirchstraße/Hermann-Zurlage-Straße biegen wir nun nach links in Richtung Süden ab, passieren unmittelbar die drei Linden und gelangen zur Kluser Straße (K 113), in die wir nach rechts auf den parallel verlaufenden Radweg einfahren und nach rund 300 Metern mit dem grünen Pfeil nach links überqueren, um das Ortausgangsschild zu passieren. Wir vertrauen uns nun dem grünen Pfeil an, der uns an den nächsten Querstraßen einmal nach rechts und einmal nach links abbiegen lässt, um zum KP 86 zu gelangen. Diesen überfahren wir geradeaus in Richtung KP 32, um jedoch gleich an der nächsten vorfahrtberechtigten Kreuzung nach rechts abzubiegen und An der Beeke auf die nächste

Heimathof Neubörger

Querstraße (K 113) zuzufahren. Hier wenden wir uns nach links, überqueren die **hölzerne Brücke** und fahren auf eine uns schon vom Hinweg zur Wippinger Mühle bekannte Kreuzung zu. Wir biegen nach rechts in die Neudörpener Straße (K 157) ein, um diese gleich wieder nach links in den Nordmannweg zu verlassen. Mit diesem fahren wir zunächst parallel zur stillen **Transrapid-Teststrecke,** radeln wenig später auf leicht ruckelndem Wege unter dieser Bahn hindurch, bis wir zu einer Einmündung mit Sitzbank gelangen. Hier wenden wir uns nach links in den Siedlungsdamm hinein, um kurz vor der Schwebebahn nach rechts unsere letzte Station, das ⓬ **Bauerncafé Sabelhaus,** zu erreichen. Es bietet uns alles, um unseren Kalorienhaushalt wieder ins Gleichgewicht zu bringen. Empfehlenswert sind der feine Kuchen, die leckeren Torten und das frische Brot: Alles ist mit Sorgfalt nach Originalrezepten selbst gebacken – und einfach lecker. Die Sabelhauser Spezial-Zucchinirolle ist zudem groß- und einzigartig im Emsland. Ob draußen auf der Gästeterrasse oder drinnen in Tennen- und Upkammer-Atmosphäre – es ist ein feines Bauerncafé! Und wer sich noch spät im Jahr hierhin wagt, dem tischt Bernhard Sabelhaus gerne zudem seinen leckeren Grünkohl mit Mettendchen auf.

Nach den ersten frostigen Tagen im November hat im Emsland der ***Grünkohl*** *Saison. Durch die Kälte erhält das krause Wintergemüse, das im Norden klassisch mit einer deftigen Fleischeinlage (Grützwurst, Kochwurst und Kasseler) genossen wird, seinen würzig-süßlichen Geschmack.*

Nach einer ausgiebigen Pause fahren wir zur Bank zurück, nehmen den Koppelweg nach links auf den **alten Kanal** zu und biegen hinter dem kleinen Campingplatz nach rechts ab. Nun geht es mit dem grünen Pfeil parallel zur Schwebebahn, am Stopp-Schild mit der Neuahlener Straße nach rechts und gleich wieder links auf den KP 45 zu. Hier biegen wir links ab, fahren nun unseren Hinweg in Gegenrichtung und letztmalig unter die Schwebebahn hindurch, um über die KP 73 und 81 hoffentlich mit vielen Geheimnissen bestückt zum Bahnhof Dörpen zurückzukehren.

Stille Magnetschwebebahn

Lehe
Neulehe
Küstenkanal
401
Börgermoor
Surwold
Börgerwalc
Dörpen
Seitenkanal Gleesen-Papenburg
Transrapid-Teststrecke
Neubörger
K 113
Kirchstraße
K 112
K 157
Neudörpen
Kluser Straße
Neubörger Straße
Kluse
Nordmanns-weg
Wippingen
70
Börg
Renkenberge
Uhlenberg
Gutshofstraße
Wahner Straße
K 114
Melstrup-Siedlung
Melstrup
L 51
Klober-tannen
Glocke schla
Werpeloh
Wahn
Sögeler Straße
Sögel
1
2
3
4
5
6
7
8
9
11
12

ALLES AUF EINEN BLICK

Entspannung

Abenteuer

Vielfalt

WIE & WANN

Aufgrund der Lage im Sperrgebiet empfiehlt sich die Tour am Wochenende. Während der Woche sollte vorab die Dienststelle der Bundeswehr in Meppen befragt werden, ob eine Durchfahrt möglich ist, Tel. (0 59 31) 4 30. Ansonsten bei gutem Wetter ganzjährig befahrbar, Westwind empfohlen. Proviant nicht vergessen!

HIN & WEG

Auto: Parkplatz am Bahnhof, Neudörpener Straße, 26892 Dörpen
ÖPNV: Bahnhof Dörpen

ESSEN & ENTSPANNEN

2 **Café am Dorfladen Uhlen,** Schulstraße 16, 26892 Wippingen, Tel. (0 49 66) 9 68 84 88
5 **Werpeloher Hof,** Wippinger Straße 4, 49751 Werpeloh, Tel. (0 59 52) 26 97
9 **Lübbers Hüsken,** Up'n Riegen 2a, 26904 Börger
12 **Bauerncafé Sabelhaus,** Siedlungsdamm 1, 26892 Kluse, Tel. (0 49 63) 16 29, www.bauerncafe-kluse.de

ENTDECKEN & ERLEBEN

1 **Wippinger Mühle**
3 **Alte Dorfstelle Wahn**
4 **Steinkreis Werpeloh**
6 **Batakhaus**
7 **Opferstein**
8 **St.-Jodocus-Kirche**
10 **Garten des Heimathauses Börger**
11 **Heimathof im historischen Dorf Neubörger**

Burg Bentheim

Die Stones

Bei Bad Bentheim

Wir steigen am Bahnhofsgebäude in den Sattel und folgen dem grünen Pfeil in Richtung Zentrum. An der Ampel halten wir uns rechts und fahren mit der Bahnhofstraße in Richtung Knotenpunkt (KP) 7 auch gleich an unserem ersten „Stone" aus Bentheimer Sandstein vorbei. Der beige bis ins Rotbraune gehende **Bentheimer Sandstein** ist überall in der Stadt und Umgebung als Baustein zu finden. An der Kreuzung der viel befahrenen Rheiner Straße (B 403/L 39) steigen wir vom Rad und führen es an der Hand, um auf der anderen Straßenseite die hölzerne Absperrung zu umgehen und unversehrt in den charmanten Schlosspark zu gelangen. Rechts erblicken wir bereits die stolz thronende **Bentheimer Burg,** der wir auf dem Rückweg unsere Aufwartung machen werden.

Wieder fest im Sattel, radeln wir auf dem rot gepflasterten Weg am Rand des schönen Parks geradeaus auf den **Schlossberg** zu und gelangen erneut zur Bahnhofstraße. Hier halten wir uns rechts und erreichen den Rathausplatz, den wir geradewegs zum KP 7 hin überfahren. Im Umfeld des Platzes können wir uns noch schnell mit einem Kaffee versorgen, bevor wir uns am KP 7 mit der Schloßstraße leicht abschüssig zum wenige Meter entfernten KP 26 am Bismarckplatz begeben. Am KP 26 wenden wir uns nach links und lassen uns nun einige Minuten zunächst noch vorsichtig und dann mehr und mehr Fahrt aufnehmend aus der Innenstadt hinaus und auf den KP 95 zurollen. Hier wenden wir uns kurz nach rechts, um gleich wieder nach links in

*Der **Bentheimer Sandstein** – auch „Bentheimer Gold" genannt – ist weit über die Grenzen hinaus bekannt. Neben der Burg Bentheim sind auch berühmte Gebäude wie der Königspalast in Amsterdam und der Sockel der Freiheitsstatue in New York aus diesem Stein gebaut.*

Kilometer: 35
Höhenmeter: 170
Stunden: 3,5
RUNDTOUR

Richtung KP 71 weiterzugleiten und geradewegs in pure Grafschafter Natur einzutauchen.

Am KP 71 biegen wir nach rechts in Richtung KP 28 ab, durchstreifen das Wäldchen, durchfahren ein Wohnviertel und tauchen ins nächste Wäldchen ein. Sobald wir auch diesen Hain durchschlängelt haben, gelangen wir zum KP 28 und biegen hier nach links in Alter Postweg ab. Erneut schalten wir in den Rollmodus und lassen uns seicht hügelab in die Grafschafter Ebene hineingleiten. Am KP 32 erwartet uns ein sehr einladender ❶ **Rastplatz,** an dem wir uns eine Verschnaufpause gönnen sollten. Hier treffen wir auch den Saturn des Gildehauser Planetenwegs. Der Saturn steht für Klarheit, Konzentration, Zeiteinteilung und Ausdauer. Von diesem Planeten lassen wir uns keinesfalls inspirieren, denn wir kreisen heute um Entspannung, Entschleunigung und das Gefühl von Zeitlosigkeit.

Gildehauser Venn

Dazu rollen wir mit dem Sieringhoeker Weg in Richtung KP 14 nach Süden und der Sonne entgegen. An der nächsten großen Kreuzung wenden wir uns nach rechts und haben eine **Wetterschutzhütte** vor Augen. Gleich dahinter überqueren wir vorsichtig die K 10 nach links und fahren nun in das reizvolle **Gildehauser Venn** ein. Fast schon meditativ können wir uns dem Vennweg anvertrauen, der uns zielsicher ins Herz dieses Moor- und Heidegebiets bringen wird. Am KP 14 setzen wir dazu unseren Weg geradeaus über den KP 53 hinweg und in Richtung KP 80 fort. Weite und Einsamkeit umfangen uns auf feinstem Pfade; doch heißt es aufmerken, wenn wir an der einladenden ❷ **Aussichtsplattform** des Gildehauser Venns angekommen sind. Hier sollten wir auf jeden Fall vom Rad steigen, um den wunderbarsten Ausblick ins Venn hinein zu genießen und unsere Gedanken in weite Ferne schweifen zu lassen.

Gut geschaut setzen wir unsere Fahrt in Fahrtrichtung fort. Am KP 80 fahren wir geradeaus weiter mit grünem Pfeil auf den KP 2 zu. Kurvenreich geht es auf weichem Untergrund eine Weile ohne Eile durchs Gehölz, bis wir plötzlich „rot" sehen. Denn wir haben zwischenzeitlich die Landesgrenze zu Nordrhein-Westfalen überschritten, sodass wir uns statt dem grünen nun dem **roten Pfeil** anvertrauen. Hinter der Schranke am KP 2 begeben wir uns in Richtung grünem KP 05 (in den Niederlanden ist wieder alles grün!) nach rechts und gelangen mit dem Brechter Weg an unser nächstes Etappenziel, den schönen **3 Dreiländersee.** Hier treffen sich Nordrhein-Westfalen, Niedersachsen und die Niederlande. Gleich rechts tut sich ein schöner Blick auf diesen feinen See auf, und die ersten Bänke laden uns schon zum Verweilen

Für die Seele

Unsere Seele begibt sich in die idyllischen Tiefen des Gildehauser Venns und fliegt den Mühlenberg hinauf.

Dreiländersee

Restaurant Seeblick

und See-Sehen ein. Doch können wir auch unseren Weg noch ein wenig fortsetzen, um auf der schönen Terrasse des ❹ **Restaurants Seeblick** selbigen zu genießen und uns gleichzeitig beköstigen zu lassen. Inhaber Ralph Schwägerl heißt uns in seinem „Zuhause bei Freunden“ willkommen und lädt herzlich zu einem erweiterten Frühstück oder zu Kaffee und Kuchen ein.

Weiter geht es mit dem Brechter Weg in westliche Richtung. An der Kreuzung und dem Parkplatz heißt es kurz aufgepasst, um die Fortsetzung des Wegs mit rotem Pfeil hinter dem Haltestellenschild „Abzweig Dreiländersee“ nicht zu verpassen. Hier geht es an Ferienhäusern entlang erneut auf den See zu, wo uns wenig später eine Badestelle mit feinem Sandstrand zum Kurzbad oder Fußekühlen einladen möchte. Am Ende des Brechter Wegs treffen wir auf die stark befahrene Gildehauser Straße (L 512) und den ❺ **Gasthof Driland.** Hinterm Hof befindet sich eine schöne, kühle Terrasse, auf der uns Gastgeber Thomas Berning eine „frische junge Küche mit Tradition“ verspricht. Von Tradition zeugt auch der **Driland-Grenzstein** am Gasthof, der seit 1659 nicht nur die Grenze zwischen Deutschland und den Niederlanden, sondern auch zwischen der Grafschaft Bentheim und dem alten Fürstbistum Münster markiert.

Um sicher über die L 512 zu gelangen, folgen wir dem roten Pfeil auf dem parallel zur Gildehauser Straße verlaufenden Radweg nach links in südliche Richtung und weiterhin auf den KP 5 zu. Nach rund 500 Metern kommen wir an die Einmündung des Hagelsweg, an der wir vorsichtig nach rechts die L 512 überqueren und in den Schotterweg einfahren. Der nunmehr wieder **grüne Pfeil** zeigt uns an, dass wir uns auf neuem Terrain, nun in den Niederlanden, bewegen. Gleich darauf haben wir den KP 5 erreicht, um hier nach rechts in Richtung KP 45 zu *fietsen*. Das Verbotsschild hat für *fietsers* wie uns keine Gültigkeit, sodass wir beruhigt auf dem *fietspad* und parallel zur L 512 rund 500 Meter zurückradeln, um zu unserem nächsten Tourenpunkt zu gelangen. Schräg gegenüber dem **Gasthof Driland** erreichen wir einen „erhebenden“ ❻ **Rastplatz,** hinter dem sich erneut ein Heimaten verbindender **Drilandstein** verbirgt. Vom „höchsten Punkt“ des Dreiländerecks können wir die Aussicht über eine moderne Feld- und Landwirtschaft begutachten: Im Zonnepark Losser gibt es statt Sonnenblumen nun Sonnenkollektoren.

Driland-Grenzstein

Wir setzen unsere Tour auf dem Drielandweg und immer am Grenzverlauf entlang fort. Nach entspanntem Geradeaus geht der *fietspad* in eine asphaltierte Eichenallee über, die wir an ihrem Ende und hinter einem schmiedeeisernen Gartenzaun nach rechts zugunsten des Grensweg verlassen. Hier nimmt uns ein

*Das **Kloster Bardel** hat sich der Mission und Entwicklungshilfe verschrieben. Weithin bekannt war der emsige Pater Beda, der mit seinen Altkleidersammlungen viel Gutes in Brasilien bewirken konnte. Das Kloster birgt auch ein feines Brasilienmuseum (telefonische Anmeldung).*

weiterer feiner *fietspad* auf, der uns entspannt über den KP 45 hinweg auf den KP 47 und einen Baggersee, das **Oelemars,** zurollen lässt. Wir setzen unseren Weg geradeaus am See entlang fort und gelangen zur **7 Vogelkijkhut Oelemars,** zu Deutsch Vogelguckhütte. Nach dem ausgiebigen Vogelgucken *fietsen* wir bis zur nächsten Kreuzung mit roter Sitzgruppe, an der wir entscheiden können, ob wir uns noch einmal kurz nach rechts durch den schönen Wacholderhain zum **8 Kloster Bardel** mit seinem Brasilienmuseum aufmachen oder direkt weiter mit dem Grensweg geradeaus ins Dinkelland eintauchen.

Nach der ersten Dinkelüberquerung am „gelochten“ Dinkelstein gelangen wir an den Gildehauserweg. Hier biegen wir nach rechts ab und überfahren das idyllische Flüsschen ein weiteres Mal. Am KP 69 rollen wir auf dem Hof des **9 Cafés Gut Aarnink** ein, das uns mitten auf der Landesgrenze grenzenlos mit frischen regionalen und abwechslungsreichen Speisen eine Stärkung zukommen lassen möchte. Und ein Bessen Jenever (Wacholder) sollte auch zu bekommen sein …

Nach einer gemütlichen Rast setzen wir unseren Weg vom KP 69 zum KP 70 fort. Hierzu umfahren wir das Gutcafé, queren den Hinterhof und halten uns an dem weißen Backsteinhaus links, um nun wieder in schönste Natur einzufahren. Im Zickzack und kurvenreich-schwindelig werden wir mit dem grünen Pfeil durch eine kleine Seenlandschaft geführt. Immer wieder geben die Bäume feine Blicke in die uns umgebende Wasserwelt frei. Am KP 70 verlassen wir diese Idylle, wenden uns nach rechts und erreichen den KP 23. Hier halten wir uns rechts und fahren einige Zeit am Zaun eines **Baggersees** entlang, um uns kurz hinter dem KP 60 am KP 40 nach links auf Waldtour zu begeben. In Richtung KP 50 nimmt uns ein schöner Waldweg auf, der uns zeitweise mit hohem Farn umschmeichelt und frische Waldluft schnuppern lässt.

Entlang der Dinkel zwischen Gronau und der Vechte in Neuenhaus finden sich 25 künstlerisch unterschiedlich bearbeitete ***Dinkelsteine*** *aus Sandstein, die anlässlich der Landesgartenschau 2003 aufgestellt wurden. Die Kunstobjekte können auf der gleichnamigen Tour er-fahren werden.*

An der Kreuzung auf der Lichtung mit rot-weißer Schranke heißt es kurz aufgepasst, dass wir den grünen Pfeil nach rechts nicht übersehen. Wir schlängeln uns weiter durch den Forst und treffen an seinem Ende auf eine einladende **Sitzbank,** an der wir den Wald mit grünem Pfeil nach rechts verlassen, um gleich wieder mit einer Linkskurve an einem Hof vorbei zum KP 50 zu gelangen. Ab hier vertrauen wir uns unbeirrt dem grünen Pfeil bis zum KP 96 an. Dazu geht es zunächst über die L 42 hinweg und gemütlich in die **Bauernschaft Achterberg** hinein. Gemütlich bleibt es bis zum Bahnübergang, hinter dem wir unmittelbar links abbiegen, parallel zur Bahn fahren und an eine Sitzbank gelangen. Hier fordert uns der Weg mit einer Rechtskurve zu einem kurzen, kräftigen Anstieg („Keine Gnade für die Wade!“) auf. Mit diesem gelangen wir jedoch unter Schatten spendenden Bäumen hindurch am **Achterhocker Sandstein(chen)** an die K 10, wo wir auf der Bank am Wartehäuschen kurz durchschnaufen, um auf

Dinkelstein XIII

Ostmühle

der anderen Straßenseite Am Westhang mit dem grünen Pfeil das Ortsschild von Gildehaus, „die Perle der Grafschaft“, zu passieren und noch etwas weiter „aufzusteigen“.

Am KP 96 wird es geradeaus noch einmal kurz ruckelig, doch nach dem kurzen Kopfsteinpflaster-Treten werden wir *on the top of the* Mühlenberg für unsere Mühen gleich mehrfach belohnt. In Richtung KP 18 passieren wir auf diesem Höhenrücken zunächst, hinter Büschen verborgen, die **Lukasmühle,** um wenig später unseren nächsten Tourenhöhepunkt, die **Ostmühle,** zu erreichen. Hier geht es wahrlich rund: Zum einen können wir rundum immer wieder die herrliche Aussicht ins Land genießen und uns freuen, unterhalb des Mühlenbergs schon so viele Kilometer absolviert zu haben. Zum anderen können wir uns an dem schönen Ensemble aus Backhaus und Sandsteinmühle ergötzen, wo uns zudem ein einladender **10 Biergarten** in bayerischen Farben anlacht. Nach so vielen Höhenmetern haben wir auf jeden Fall etwas Kühles und vielleicht auch Warmes verdient!

Evangelisch-reformierte Kirche

Am KP 18 orientieren wir uns in Fahrtrichtung mit der Bergstraße auf den KP 24 zu. Auf Höhe des Glockenturms der **evangelisch-reformierten Kirche** biegen wir nach links in die Turmstraße ein und rollen vorsichtig bergab in den Ortskern hinein. Die Kirche bietet ein sehr schönes Ensemble, das wir kurz auf den Bänken am Brunnen auf uns einwirken lassen können. Vom Brunnen aus rollen wir weiter leicht abwärts mit der Dorfstraße auf den KP 75 zu. Hier wenden wir uns nach rechts, setzen unsere Tour durch die Waldseiter Straße in Richtung KP 42 fort und kommen zur **Hengeloer Straße** (L 39), die wir vorsichtig

überqueren. Bevor wir geradeaus mit grünem Pfeil durch die Walseiter Straße weiterfahren, wenden wir uns kurz unmittelbar nach links, um uns mit einem herrlich frisch-leckeren Fischbrötchen beim ⑪ **FischPiraten** für die bisherigen „Strapazen" zu belohnen. Armar Fakhros Motto „Fisch macht gesund das ganze Jahr rund!" sollten wir uns unbedingt einverleiben. Und seine Pommes sind auch spitze!

Nach Fish & Chips geht es zurück zur Kreuzung und nach links mit der **Walseiter Straße** auf den KP 42 zu. Wir passieren den Bahnübergang, biegen rechts ab, radeln parallel zur Bahn und tauchen nach einer Linkskurve wieder in herrlichst ruhige **Grafschaft** ein. Im Wechselspiel zwischen Feld und Baum können wir noch einmal entspannt unseren Gedanken nachhängen. Vom KP 42 aus pedalieren wir nahezu immer geradeaus und zielstrebig über die KP 55, KP 77, KP 30 hinweg auf den KP 51 am Stadtrand Bad Bentheims zu. Wenn wir müde sind, können wir nach links ent-

Sonnenterasse Café Ferdinands

Schlosspark

lang der Rheiner Straße (L 39) auf schnellstem Wege zum Bahnhof zurückkehren.

Falls wir aber noch fit sind, überqueren wir vorsichtig die L 39 und fahren mit der Wilhelmstraße auf den KP 51 zu. Mit der Wilhelmstraße strampeln wir auch nach links den **Schlossberg** hinauf und über den uns bereits bekannten KP 26 hinweg auf den ebenso bekannten KP 7 zu. Hier können wir noch einmal entscheiden, ob wir direkt an der Burg das ⓬ **Café Ferdinands** besuchen und uns auf seiner Super-Sonnenterrasse neben viel köstlich Kulinarischem mit dem „herrlichsten Blick" über die Grafschaft belohnen. Abschließend könnten wir mit neuer Energie noch die schöne, stolze, steinbewehrte ⓭ **Burg Bentheim** besichtigen.

Doch auch ein Erholungspäuschen im schönen ⓮ **Schlosspark** wäre denkbar. Für diesen „Park-Platz" fahren wir vom KP 7 wie zu Beginn über den Rathausplatz hinweg und rollen das kleine Stück die Bahnhofstraße hinunter. Links gewährt uns ein einladendes Gartentor gerne Einlass, geradeaus führt uns die Bahnhofstraße schnurstracks über die Rheiner Straße (L 39/B 403) zu unserem Ausgangspunkt zurück.

__Burg Bentheim__ ist das Wahrzeichen der Stadt und zudem die größte Höhenburg Niedersachsens mit einer Kronenburg, die ein alchimistisches Laboratorium beheimatet. Sie wurde 1050 erstmals erwähnt und ist im Besitz der Grafen und Fürsten zu Bentheim und Steinfurt.

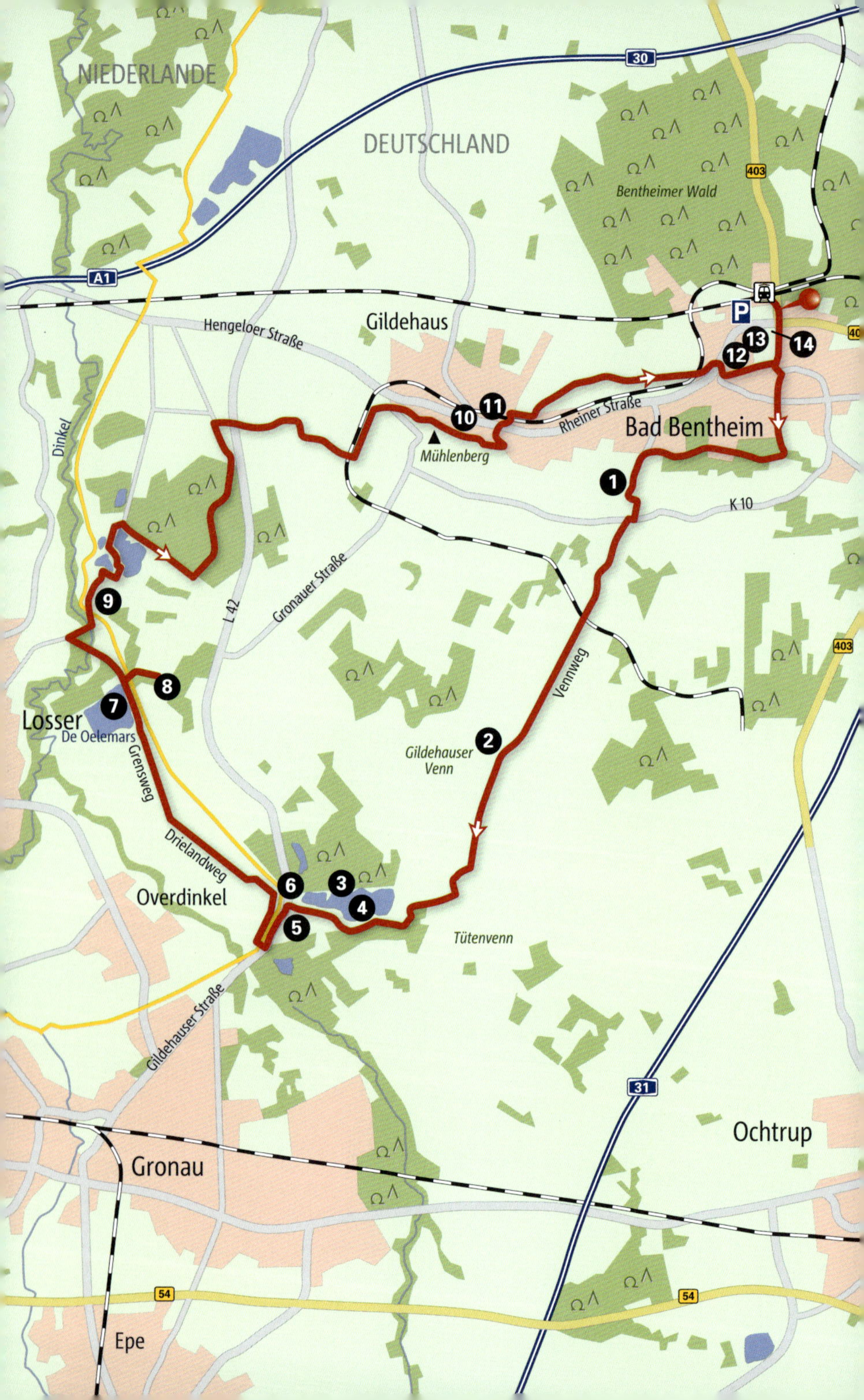
NIEDERLANDE
DEUTSCHLAND
30
A1
403
Bentheimer Wald
Gildehaus
Hengeloer Straße
Rheiner Straße
Bad Bentheim
Mühlenberg
K 10
Dinkel
L 42
Gronauer Straße
Vennweg
Gildehauser Venn
Losser
De Oelemars
Grensweg
Drielandweg
Overdinkel
Tütenvenn
Gildehauser Straße
31
Ochtrup
Gronau
54
Epe
1
2
3
4
5
6
7
8
9
10
11
12
13
14

ALLES AUF EINEN BLICK

Entspannung

Abenteuer

Vielfalt

WIE & WANN

Überwiegend autofrei; ganzjährig befahrbar, eine stärkere Steigung in Gildehaus (gegebenenfalls kurz absteigen und schieben).

HIN & WEG

Auto: Parkplatz am Bahnhof, 48455 Bad Bentheim
ÖPNV: Bahnhof Bad Bentheim

ESSEN & ENTSPANNEN

4 **Restaurant Seeblick,** Brechter Weg 15, 48599 Gronau, Tel. (0 25 62) 53 07, www.seeblick-gronau.de

5 **Gasthof Driland,** Gildehauser Straße 350, 48599 Gronau, Tel. (0 25 62) 36 00, www.driland.de

9 **Café Gut Aarnink,** Klosterstraße 18, 48455 Bad Bentheim, Tel. (0 59 24) 67 23

10 **Biergarten an der Ostmühle,** Mühlenberg 6, 48455 Bad Bentheim, Tel. (0 59 22) 9 83 30, www.ostmuehle.de

11 **FischPirat,** Hengeloer Straße 8, 48455 Bad Bentheim, Tel. (0 15 25) 9 62 42 74

12 **Café Ferdinands,** Schloßstraße 0, 48455 Bad Bentheim, Tel. (0 59 22) 9 04 30 56, www.cafe-ferdinands.de

ENTDECKEN & ERLEBEN

1 **Rastplatz Alter Postweg**

2 **Aussichtsplattform Gildehauser Venn**

3 **Dreiländersee**

6 **Rastplatz mit Drilandstein**

7 **Vogelkijkhut Oelemars**

8 **Kloster Bardel,** Klosterstraße 11, 48455 Bad Bentheim, Tel. (0 59 24) 7 87 20, www.bardel.de/kloster

13 **Burg Bentheim**

14 **Schlosspark**

Sonnenuhr im Schlosspark von Clemenswerth

Herrschaftszeiten

Im Sögel-Süden

Wir starten in Sögel am Brunnen vor dem **Ludmillenhof,** der heute das Rathaus beherbergt, und wenden uns, das Rathaus im Rücken, nach links. Mit der Berßener Straße fahren wir nach Norden auf den Kirchturm zu. Am Kreisverkehr „mit Familie" nehmen wir die dritte Ausfahrt und fahren mit der Sprakeler Straße und **grünem Pfeil** geradeaus über den Knotenpunkt (KP) 49 hinaus auf den KP 31 zu. Schon haben wir den Stadtrand erreicht und erblicken gleich hinter den Bahnschienen die eindrucksvolle, ganz in Holz errichtete rumänisch-orthodoxe **1 Kirche St. Nektarie und St. Jakobus.** Die Kirche beeindruckt mit knapp 32 Metern Höhe und 24 Metern Länge, mächtigen Holzbalken, vielen handgeschnitzten Elementen und den weit über 100.000 aufgenagelten Holzdachschindeln. Viele der hölzernen Baumaterialien wie auch die beiden schweren Glocken wurden in Rumänien gefertigt und dann nach Sögel transportiert.

Kirche St. Nektarie und St. Jakobus

Wir setzen mit grünem Pfeil unseren Weg geradeaus in Richtung **Gut Sprakel** fort, überqueren vorsichtig die L 53 und durchfahren die schöne buchenumsäumte **Sprakeler Straße,** um nach rund 1,5 Kilometern an die nächste Kreuzung auf Höhe der Wasserhydranten-Beschilderung H 100 zu gelangen. Hier biegen wir nach links ab und rollen gemächlich ohne

Kilometer: 46
Höhenmeter: 170
Stunden: 4,5
RUNDTOUR

grünen Pfeil auf die nächste Kreuzung zu. Diese überqueren wir geradeaus, fahren nun wieder mit grünem Pfeil über den KP 86 hinweg und rollen genüsslich hügelab und -auf zum KP 33. Sanfte Hügel, Hecken, Wäldchen, Felder und das Flüsschen Nordradde lassen uns in schönste Hümmling-Idylle eintauchen, wo sich immer wieder Himmel und Erde zu berühren scheinen. Am KP 33 heißt es die Seite der L 54 wechseln und mit grünem Pfeil auf Plattenweg in Richtung KP 15 fahren. Doch vorher erreichen wir ein eindrucksvolles Zeugnis der Vergangenheit, das **2 Grabhügelfeld Mansenberge.** Hier zeugen 83 Gräber vom Ende der Megalithkultur davon, wie unsere Vorfahren wiederum ihre Vorfahren in friedvoller Atmosphäre bestatteten. Der Heidefriedhof ist nach rund 200 Metern Radschiebens vielleicht etwas mühsam zu erreichen und lässt Unkundige die Grablegen nur erahnen. Doch im Herbst ist dieser beschauliche Ort ein Muss, wirkt er doch besonders farbenprächtig, wenn die Heide wunderbar erblüht.

Grabhügelfeld Mansenberge

Wir setzen unseren Weg mit dem grünen Pfeil fort und gelangen entspannt auf geradem Wege zum KP 15. Hier geht es noch einmal kurz nach rechts und erneut über die **Nordradde,** um einen weiteren Höhepunkt unserer Tour, die **3 Wassermühle Bruneforth,** zu erreichen. Die romantische Atmosphäre rund um die Mühle, die Nordradde und die benachbarte kleine Kirche aus stetig wachsendem Weidengeflecht bieten uns einen ganz besonderen Pausenplatz. Die Bänke in der **Weidenkirche** laden auf jeden Fall zum Kurz-Verweilen oder gar Lang-Meditieren ein.

Für die Seele

Die Seele taucht in megalithische Sphären ein – und landet schließlich auf einem herrlichen Alleen-Stern.

Wassermühle Bruneforth

Nach dieser Pause geht es auf demselben Weg zurück über die Nordradde und geradewegs über den KP 15 hinaus auf den KP 36 zu. Dazu verlassen wir gleich kurz hinter dem KP 15 die K 162 nach rechts, gelangen zum KP 36, biegen hier links ab und rollen in **Klein Berßen** ein. An der **Herz-Jesu-Kirche** erreichen wir den KP 17 und folgen dem grünen Pfeil über den KP 89 zum KP 70 und – aus Klein wird Groß – nun in die Mitte **Groß Berßens** hinein. Am KP 70 geht es geradeaus weiter in Richtung KP 52, um uns am Kreisverkehr mit der ersten Ausfahrt auf die alten Spuren der **Hünengräberstraße** (K 138) in Richtung KP 1 zu begeben.

Wie an einer Perlenschnur aufgereiht fahren wir nun an zahlreichen **4 Großsteingräbern** vorbei. Stoppen sollten wir auf der Höhe des überdachten Rastplatzes und uns zunächst das Wappengrab, dann auf jeden Fall das auf der anderen Straßenseite liegende Königsgrab und das rekonstruierte Großsteingrab anschauen. Eingebettet in einen schönen Mischwald, können wir in aller Stille diese beeindruckenden megalithischen Zeugnisse aus alter Vorzeit auf uns wirken lassen. Die **Bank am Königsgrab** lädt dazu ein, der altehrwürdigen Grabesruhe, begleitet von lebendigem Vogelgezwitscher, nachzuspüren.

Wir setzen unseren Weg fort, um nach knapp 1 Kilometer kurz vor einer Überlandleitung auf Höhe der Kilometrierung 5,2 nach halb rechts in den asphaltierten Weg einzubiegen. Schon will uns an der nächsten Kreuzung ein Super-Pausenhäuschen zur nächsten Rast überreden. Rast hin oder her, wir fahren mit dem Schotterweg geradeaus weiter. Dieser geht in einen schönen Waldweg über und führt uns durch das Hasenholz hindurch. Wenig später sind wir erneut mit dem grünen Pfeil vereint, passieren das Großsteingrab Hüven-Süd, biegen an der nächsten Kreuzung links ab und erreichen am **Mühlenladen Bunte Kuh** den KP 92.

Nur noch wenige Meter nach rechts, und schon erblicken wir ein mahlendes Prachtexemplar: die **5 Hüvener Mühle,** die sowohl mit Wasser als auch mit Wind betrieben wird. So klappert und windet die Mühle am rauschenden Bach, und wir können uns ganz der wohlverdienten Pause mit Klipp-klapp-Untermalung hingeben. Im Infozentrum erhalten wir Eis und Kaltgeträn-

Königsgrab

Hüvener Mühle

ke. An jedem zweiten Sonntag ist von Mai bis September Mahl- und Backtag. Ehrenamtliche Müller zeigen das Müllerhandwerk und was die Mühle kann. Zudem gibt es leckeren Kaffee und Kuchen.

Vielleicht berauscht und durchweht wie die Mühle, fahren wir zurück zum KP 92, überqueren vorsichtig die L 65 und fahren auf den KP 18 zu. Hier wenden wir uns nach rechts, nehmen hoffentlich mit Mühlen-Rückenwind Fahrt zum KP 35 auf und gelangen wenig später an eine Pausenbank mit der Einladung, „einfach dazusitzen und vor sich hinzuschauen!“. Wenig später erreichen wir eine Verpflegungsstation mit landestypischem Sortiment. Familie Dörtelmann hat dieses um selbst gemachte Bio-Frischnudeln in allen Varianten und leckeres Hofeis erweitert, mit dem wir uns auf unserer bisherigen müh(l)seligen Tour nochmals belohnen können.

Gleich danach führt uns der grüne Pfeil nach einer Linkskurve an die Kreisstraße (K 138) heran, der wir nach rechts zum KP 35 folgen. Leider ist der folgende

Das historische Zeugnis einer großen alten Mühlenbaukunst wurde erstmals 1534 urkundlich als Wassermühle an der Mittelradde erwähnt. Die ***Hüvener Mühle*** *wurde 1802 nach einem Brand neu errichtet und 1851 um eine Windmühle aufgestockt.*

Abschnitt geradeaus immer parallel zur K 138 alternativlos, aber mit Rückenwind doch schnell zu schaffen. Wenn wir das Ortsschild Lahn passiert haben, erreichen wir geradeaus über den KP 60 hinweg die hübsche Dorfmitte und biegen – aufgepasst – vor dem Kinderspielplatz nach links in die Straße Am Osterberg ein. Diese geht wenig später von einem gepflasterten in einen geschotterten Weg über, der uns erneut zu einer grünen „Kathedrale", der **6 Weidenkirche Lahn,** führt. Auch hier können wir einmal mehr kurz Platz nehmen, um der Seele nachzuspüren.

Danach setzen wir unsere Tour in westliche Fahrtrichtung durch schönen Wald rund 1,5 Kilometer auf dem Lahner Kirchweg fort, bis wir hinter **grünen Silos** zu einer Kreuzung am **Hof Bünning** kommen. Wir nehmen den zweiten Weg hinter den drei Eichen nach rechts und gelangen

Grüne „Kathedrale" Lahn

Theikenmeer

wenig später am Ende des Feldwegs an die schöne Allee der K 125, in die wir nach links abbiegen und mit der wir auf dem parallel verlaufenden Radweg auf Ostenwalde zufahren.

Kurz vor **Ostenwalde** wenden wir uns mit der Ostenwalder Straße (K 137) nach rechts. Wenig später erreichen wir den KP 10, überqueren nun wieder mit grünem Pfeil vorsichtig die K 137 nach links und rollen über die Bahnschienen hinweg auf den KP 85 zu. Diesen passieren wir geradeaus und gelangen nach rund 500 Metern an eine Abzweigung ins Feld, der wir nach rechts mit dem Fußwanderwegweiser in Richtung **Vogelbeobachtungshütte** zu einer versteckten Schönheit, dem idyllisch gelegenen, stillen 7 **Theikenmeer,** folgen.

Nach einer ausgiebigen Vogelsichtung fahren wir zunächst auf demselben Weg zum KP 85 zurück, biegen nach rechts in den Waschbetonplattenweg ein und folgen nun unbeirrt dem grünen Pfeil durch Ostenwalde hindurch bis zum KP 61. Am Ende des Meerwegs biegen wir dazu rechts ab und an der nächsten Kreuzung nach links in den **Dorfanger** mit Fahrrad-

*Das **Theikenmeer** ist ein Vogelparadies. Eingebettet ins Hochmoor des gleichnamigen Naturschutzgebietes, bietet es vielen Zug- und Standvögeln vom Braunkehlchen über Kiebitz, Bekassine, Saatgans bis zum seltenen Ziegenmelker Schutz und Nahrung.*

schutzhütte hinein. Wir fahren geradeaus und haben endlich nach so viel Natur und Kultur ein gastronomisches Ziel vor Augen: **8 Gaby's Kiosk mit Café.** Gaby Jansen heißt uns am Wochenende zu selbst gebackenen Kuchen auf der Außenterrasse oder im Caféinnern herzlich willkommen. Zu empfehlen sind ihre leckere Quark-Ananas-Torte, die Moccatorte und die coole Eistorte. Diesem Verwöhnprogramm sollten wir uns nach so vielen Kilometern nicht entziehen.

Nach einer eventuellen Tortenschlacht geht es in Fahrtrichtung mit dem grünen Pfeil auf eine Weggabelung zu, an der wir uns nach rechts auf den Holzweg und weiterhin in Richtung KP 61 begeben, der uns von Birken begleitet an die **Nordradde** heranführt. Hinter der Brücke wenden wir uns nach links, folgen auf einem idyllischen Uferweg dem Flüsschen bis zum „Radderuh"-Rastplatz, biegen hier rechts ab und gelan-

An der Nordradde

gen schon an den 9 **Raddesee.** Ein kurzes Verschnaufen an diesem Stillgewässer ist sehr empfehlenswert, bevor wir auf das Highlight unserer Tour zufahren: das Jagdschloss Clemenswerth. Dazu rad(d)eln wir zunächst auf den KP 61 am **Berg Sinai** zu, biegen scharf links ab und fahren hinter dem Schlosspark her und auf den KP 48 zu. Hier wenden wir uns in Richtung KP 58 nach rechts und gelangen hinter der Schranke an den schönen Schlossteich, an dem uns im Wasser thronend ein großer weißer Platzhirsch in Empfang nimmt, der uns darauf aufmerksam macht, dass das Schloss der Jagd gewidmet war. Wir halten uns rechts und fahren mit dem grünen Pfeil um den Teich herum und biegen rechts in die schöne Schlossallee ein. Gemächlich radeln für auf die wunderschöne Schlossanlage zu und in den Innenhof ein.

Das barocke 10 **Jagdschloss Clemenswerth** wurde nach den Plänen des damaligen Stararchitekten Johann Conrad Schlaun zwischen 1737 und 1747 im Auftrag des Fürstbischofs Clemens August I. von Bayern erbaut. Das Schloss ist heute auch ein kulturelles Zentrum; besuchenswert sind die Schlosskapelle, der Klostergarten

Waidmannsheil und barocke Pracht: Acht Lindenalleen führen zum Mittelpunkt des ***Jagdschlosses Clemenswerth*** *und bilden einen Jagdstern. Die acht Pavillons um den Zentralpavillon waren den jagenden Gästen vorbehalten.*

Raddesee

und das Emslandmuseum. Neben „Barock mit allen Sinnen" finden wir im ⓫ **Schlosskeller** auch eine gute Küche. Im ehemaligen Wildkeller oder auf der Außenterrasse können wir das prachtvolle Ensemble auch noch einmal von kulinarischer Seite aus betrachten.

Nach seelischer und körperlicher Stärkung steigen wir zwischen dem Pavillon Mergentheim und dem Pavillon Coellen wieder in den Sattel und pedalieren mit dem grünen Pfeil auf der Schlossallee auf **Sögel** zu. Am Marstall verabschiedet uns der Schlossherr Clemens August noch einmal persönlich, bevor es am **Hümmling-Gymnasium** vorbei mit der Schlaunallee ins Zentrum geht. Am Markt erreichen wir den KP 58, biegen hier links ab und fahren in Rich-

Jagdschloss Clemenswerth

Schlossteich

tung KP 49, uns links haltend, über den Platz. Wir überqueren die Fußgängerampel und radeln mit dem grünen Pfeil wenig später am Spielplatz nach rechts und in den idyllischen ⑫ **Heimathof** hinein. In der stimmungsvollen Parkanlage können wir uns am Ende unserer langen Kul-Tour nun richtig geadelt fühlen. Mit dem grünen Pfeil geht es auch wieder aus dem Park hinaus, an der querenden Ulmenstraße nach rechts

und gleich wieder links, um mit dem Prinzenkamp über die Kreuzung hinweg in die Bahnhofstraße einzufahren und unmittelbar an unseren Startpunkt zurückzukehren.

Werlte
Wehm
Ostenwalder Straße
Ostenwalde
L 53
Sögel
Sprakeler Straße
L 54
K 125
Lahner Kirchweg
Lahn
Sögeler Straße
Nordradde
Stavern
L 65
Hüven
K 138
Bruneforth
K 162
Klein Berßen
Groß Berßen
Ahmsen

ALLES AUF EINEN BLICK

Entspannung 4/5
Abenteuer 2/5
Vielfalt 2/5

WIE & WANN

Sanfte Steigungen und Abfahrten; ganzjährig befahrbar; gegebenenfalls für die erste Hälfte der Tour Proviant mitnehmen.

HIN & WEG

Auto: Parkplatz Ludmillenhof (Rathaus), Bahnhofstraße 2, 49751 Sögel
ÖPNV: Haltestelle Sögel Marktplatz

ESSEN & ENTSPANNEN

8 **Gaby's Kiosk mit Café,** Kurze Straße 9, 49757 Werlte
11 **Schlosskeller am Jagdschloss Clemenswerth,** Clemenswerth 7, 49751 Sögel, Tel. (0 59 52) 8 87, www.schlosskeller-clemenswerth.com

ENTDECKEN & ERLEBEN

1 **Kirche St. Nektarie und St. Jakobus**
2 **Grabhügelfeld Mansenberge**
3 **Wassermühle Bruneforth**
4 **Großsteingräber**
5 **Hüvener Mühle**
6 **Weidenkirche Lahn**
7 **Theikenmeer**
9 **Raddesee**
10 **Jagdschloss Clemenswerth**
12 **Heimathof Sögel**

Festung Bourtange

Grenzenlos radeln

Von A(schendorf) nach B(ourtange)

Mit dem Rücken zum Bahnhof Aschendorf wenden wir uns nach rechts, um gleich wieder nach links in die **Große Straße** abzubiegen. Dieser folgen wir mit dem **grünen Pfeil** in Richtung Ortsmitte und gelangen über die Knotenpunkte (KP) 67, 42 und 49 aus Aschendorf hinaus zum KP 85. Nahezu schlagartig tauchen wir nun in eine herrliche Emsauenatmosphäre mit hohen Gräsern, weidenden Schafen und kleinen Tümpeln ein. Hier empfängt uns Natur pur.

Am KP 85 wenden wir uns nach rechts und durchfahren eine schöne Allee aus Kopfweiden. Links erblicken wir wenig später die stolz emporragenden Kirchtürme Rhedes, um nun am KP 20 mit der L 52 die Ems zu überqueren. Auf der Brücke genießen wir einen ersten Blick auf unseren Fluss und rollen über den KP 76 hinweg in einem weiten Linksbogen in Richtung KP 1 in Rhede ein und auf Kirchtürme zu. Am Kreisverkehr geht es nun mit der zweiten Ausfahrt und der Burgstraße ins Zentrum hinein. Wir erreichen die stattliche **1 St.-Nikolaus-Kirche,** die auf jeden Fall der R(h)ede wert ist. Sie hat eine bemerkenswerte Kleeblattform, die von innen und außen beeindruckt.

Kilometer: 43
Höhenmeter: 70
Stunden: 4
RUNDTOUR

Hinter dem Kirchenchor geht unsere Tour geradeaus mit der Straße Sudende und mit grünem Pfeil über die KP 8 und 99 bis zum KP 39 gen Süden. Dabei passieren wir die Alte Rheder Kirche und den sehr schön gelegenen

Brücke zur Festungsanlage

Sielsee, der uns zu einer Verschnaufpause einlädt. Doch schon kommt der nächste See in Sichtweite, der **Badesee Sudfelde,** der uns zu einem erneuten Stopp mit Fußbad verführt. Linker Hand erwarten uns abwechslungsreiche Ausblicke auf die Auenlandschaft. Vom KP 39 rollen wir über die KP 9, 5 und 17 an der Kirche im Dorf vorbei, durch Borsum hindurch und über die Ausläufer der Borsumer „Berge" bis zum KP 28. Nach links geht es in den Mühlenweg weiter, dann immer geradeaus und mit Anlauf über die BAB 31 hinweg, um schließlich das **Gemeindehaus in Neurhede** und den KP 11 zu erreichen. Am großen Mühlenstein lädt die kleine Windmühle zu einem weiteren Päuschen ein.

Weiter geht es nach rechts mit der K 166 (Neurheder Straße) in Richtung KP 80. Hinter der **St.-Joseph-Kirche** biegen wir nach links in die Raiffeisenstraße ein, die uns schnurstracks zur deutsch-niederländischen Grenze bringt. Kurz vor der Grenze halten wir uns rechts und überschreiten sie am KP 80 hinüber zum KP 94. Hier wenden wir uns nach links und *fietsen* parallel zu einem für die Niederlande typisch kleinen Kanälchen über den KP 54 hinweg bis zum KP 55. Nun biegen wir links ab und fahren geradewegs auf unser Highlight zu, die alte **2 Festung Bourtange.** Dazu geht es mit grünem Pfeil in Richtung KP 95 auf dem Vriesse Weg über drei Brücken und Gräben hinweg im Zickzack und durch das Tor De Poort ins sternenförmige Zentrum hinein. Bevor wir uns dem Treiben dieses stimmungsvollen Ortes hingeben, stellen wir unsere *fietsen* zunächst auf dem eigens dafür vorgesehenen Radparkplatz ab und gönnen uns eine Kaffeepause. Zu Kaffee, Käsekuchen und Gronninger Poffertjes lädt uns auf dem malerischen Marktplatz die 3 **d'Oude Waght** ein. Das Kuchengebäck ist ein *herrlijk smaakend brood*. Aber auch das im Ort oder in der Nachbarschaft Wetserwolde gebraute Bier verspricht Erfrischung und Gaumenfreude. Danach steht uns die Festung per pedes offen.

Für die Seele

Eine unbegrenzte Auen- und Feldlandschaft bringt uns in das Nachbarland – neu beseelt kehren wir zurück.

Nach der beeindruckenden Besichtigung setzen wir unsere Tour „gefestigt" durch das Münstertor nach Süden in Richtung KP 95 fort. Wieder geht es im Zickzack und auf dem Bischopsweg nun aus der Festung hinaus, um gleich hinter dem Ortsschild nach rechts in den sandigen Nieuwerksweg abzubiegen. Am KP 95 wenden wir uns nach links, fahren in Richtung KP 2 und überqueren am Ende des Inundatieweg vorsichtig die

*Die **Festung Bourtange** ist ein Juwel in der Landschaft. Sternförmig umgeben von einem Wassergraben, bietet die 1580 von Prinz Willem van Oranje errichtete Festungsstadt zahlreiche Sehenswürdigkeiten aus der Vergangenheit.*

Marktplatz Bourtange

N 365, um uns vom **Distelvlinder** aufnehmen zu lassen. Auf der alten, „versteckten“ **Smokkelroute** passieren wir mit dem grünen Pfeil die Landesgrenze. Direkt hinter der Grenze geht es nach links zum ehemaligen **Zollhaus.** Hier finden wir einen Rastplatz, der uns an die vergangenen Zeiten des kleinen Grenzverkehrs erinnert.

Weiter geht es auf dem Radweg parallel zur Bourtanger Straße (L 50) zum KP 2 und mit einem Rechtsschwenk zum KP 68. Wir biegen nach links ab und rollen unbeirrt mit dem grünen Pfeil durch das kleine **Neuheeder Moor,** mit Schwung über die BAB 31 und durch Feld und Flur über die KP 56 und 23 hinweg bis zum großen Freizeitsee, dem **4 Heeder See.** Hier können wir wieder einmal die Füße im erfrischenden Wasser kühlen oder entspannt im Sand einer Düne oder am Strand liegen und hoffentlich auch warme Sonnenstrahlen auf der Haut genießen.

Nach unserer Entspannungspause setzen wir unsere Tour, weiterhin dem grünen Pfeil folgend, in Richtung Osten und KP 18 fort. An der Kreuzung am Ende der Mühlenstraße heißt es aufgepasst: Hier biegen wir nach links ab, um gleich an der nächsten Kreuzung rechts einzubiegen. Schon heißt uns ein steinernes Emsbötchen im „einzigartigen Heede herzlich willkommen". Nur wenige Meter auf der Hauptstraße weiter wenden wir uns nach links und gelangen mit der Pinnicksallee zur imposanten 5 **1000(!)-jährigen Linde –** ein wahrer Baum der Superlative!

Zurück auf der Hauptstraße setzen wir unseren Weg in die Ortsmitte Heedes und geradeaus über den KP 18 hinweg zum KP 33 fort. Hier wenden wir uns nach rechts und haben nun kulinarisch die Qual der Wahl. Zunächst lädt uns Maria Flint in ihrem 6 **Bäckerei-Konditorei-Café Flint** unter dem Motto „Bei uns gilt 3 K" zu „Kuchen, Kaffee, Kurzen" ein. Hier werden

*Die tatsächlich **über 1000 Jahre alte Linde** in Heede ist nach einer Vermessung im Jahre 2014 Deutschlands größter Baum. Mit einem Stammumfang von 18 Metern ist sie zudem die dickste Linde in Europa. Ein wahrer Champion Tree!*

1000-jährige Linde

Ende der 1930er-Jahre soll auf dem ***Wallfahrtsgelände Heede*** *vier Heeder Kindern die Mutter Gottes als Königin des Weltalls erschienen sein. Daraus ergab sich der hiesige Andachtsort, der jährlich von zahlreichen Pilgern besucht wird.*

Kuchen und Torten, aber auch das Brot selbst gebacken. Schmackhaft sind auf jeden Fall der Kelberstuten und das mit Zwiebeln gefüllte Pfefferbrötchen. Das selbst gebrannte Kaffeelikörchen gibt es für jeden Besucher dazu serviert. Oder wir folgen dem grünen Pfeil in Richtung KP 78 bis zum Ende der Hauptstraße, halten uns hier mit der Dörpener Straße halb rechts und biegen an der nächsten Einmündung nach links in die Kirchstraße ein, mit der wir auf „heiligen Boden", das 7 **Wallfahrtsgelände Heede,** mit gleich zwei Kirchen, der **Marienkirche** und der **St.-Petrus-Kirche,** gelangen. Bevor wir das geistlich-spirituelle Gelände erkunden, könnten wir uns im 8 **Café-Restaurant Am Turm** bei selbst gebackenem Kuchen oder Herzhafterem noch einmal körperlich stärken. Inhaber Andreas Buten meint nur dazu: „Alles lecker!"

Wir folgen der Kirchstraße am Stadion und an der **Radler Scheune** mit Kaltgetränken und Snacks vorbei bis zum KP 78. Hier hat uns die Ems nun wieder. Wir wenden uns nach links und pedalieren den Radweg immer

Café Flint

Leher Pünte

unbeirrt am Flusslauf entlang über die KP 41 und 14 hinweg bis zum KP 75. Eigentlich könnten wir nun in ein träumendes Trudeln kommen. Doch dieser Streckenabschnitt weist noch einmal kleine, aber feine Orte auf. Vorbei geht es also am alten **Heeder Utladeplatz,** dem ehemaligen Emshafen, und weiter zur alten Fähre bei Lehe, die noch bis 1928 offiziell schiffte. Wer samstags und sonntags Ems-Schaukelfeeling erleben möchte, kann sich mit der **9 Leher Pünte** einmal hin und zurück übersetzen lassen. Wer stattdessen Ausschau nach schaukelnden Emsschiffern halten möchte, steige auf den **Aussichtsturm am Anlegeplatz.** Ein schöner Blick über die feine Flusslandschaft ist zudem immer lohnenswert.

Am KP 75 halten wir uns rechts und gelangen über **Emswehr** und **Kanal** hinweg zum KP 46, an dem wir ohne grünen Pfeil nach links abbiegen und an dem roten Backsteinhaus Zum Wehr an eine Querstraße gelangen. Hier biegen wir links ab

Naturwerkstatt

und erreichen Christa Dickebohns ⑩ **Naturwerkstatt.** In ihrer lang gestreckten Scheune finden wir nicht nur schöne Sachen aus Naturmaterialien, die regional, saisonal, gesammelt, gebunden und selbst verarbeitet sind, auch gibt es hier lecker-sahniges Bauernhofeis und Kaffee in Selbstbedienung und auf Vertrauensbasis. Ein Renner sind ihre leckeren „Löffelkuchen in Gläsern", die von Schoko bis hin zu Früchten wie Himbeere und Mandarine zahlreiche Geschmäcker erfreuen.

Nach dem Schmecken und Schauen setzen wir unseren Weg in nördliche Fahrtrichtung fort, radeln hinter dem Ortsschild weiterhin geradeaus und gelangen zu einer Kreuzung, an der wir uns nach links **Zur Emsschleuse** wenden und direkt auf die **Herbrumer Schleuse** zufahren.

Hier setzen wir unseren Weg nach rechts und in nördliche Richtung fort, um wieder mit grünem Pfeil zum uns bereits bekannten KP 85 zu fahren. Nun heißt es: zurück wie hin bis zum Marienplatz und dem

*An der letzten **Schleuse** vor der Nordsee meinen wir vielleicht schon ein ganz bisschen Seeluft schnuppern zu können. Ab hier unterliegt die Ems erstmals den Gezeiten von Ebbe und Flut mit einem mittleren Tidehub von immerhin 3 Metern.*

KP 49. Wer noch „Körner“ hat, nehme ab hier die Poststraße nach Osten und fahre über die Bahn hinweg auf den KP 27 zu. Dort biegen wir nach links in die Lindenstraße ein, auf der wir nach kurzer Zeit eines der wenigen „Schlösser“ des Emslandes, das ⑪ **Gut Altenkamp,** erreichen.

Empfehlenswert ist eine kleine Radrundtour durch den großzügig angelegten Garten, der uns hinter 200 Jahre alten Taxushecken viele ruhige Plätzchen zum Ausruhen – auch bestens geeignet für ein Nickerchen – bietet. Das Gut im Rücken geht es dann auf der Lindenstraße zum KP 59. Hier biegen wir noch einmal links ab, passieren die Bahnschranken und haben schon unseren Ausgangsort erreicht. Zur Belohnung gönnen wir uns gleich hinter der Schranke noch ein Topping in der ⑫ **Eismanufaktur Losengo.**

*Das **Gut Altenkamp** beheimatet eines der wenigen Herrenhäuser im vormals armen Emsland. Es wurde 1728 errichtet und ist von einem weitläufigen, sehr charmanten Barockgarten umgeben. Heute öffnet das Herrenhaus seine Tore für Ausstellungen und Konzerte.*

Gut Altenkamp

Nenndorf
DEUTSCHLAND
NIEDERLANDE
Spieksee
Rottsee
Aschendorf
L 52
Rhede (Ems)
Ems
Vogelschutzgebiet
Flaar
Flaarsee
Emsauen
K 166
Borsum
Dortmund-Ems-Kanal
Neurhede
Herbrum
Mühlenweg
Bourtange
L 50
Neuheeder
Moor
Siedlerstraße
Neurheder
Straße
Nord-Süd-Straße
Lehe
Heede
Kleines
Feld
Dersumer Straße
Vogelschutzgebiet
Leher Wiesen
Neudersum
Dersum
Dörpen
Kluse
Walchum
Hasselbrock
31
70
365
401
1
2
3
4
5
6
7
8
9
10
11
12
P

ALLES AUF EINEN BLICK

Entspannung 3/5
Abenteuer 1/5
Vielfalt 5/5

WIE & WANN

Überwiegend befestigte Wege; ganzjährig befahrbar.

HIN & WEG

Auto: Parkplatz am Bahnhof Aschendorf, Zur Waage 1, 26871 Papenburg
ÖPNV: Bahnhof Aschendorf

ESSEN & ENTSPANNEN

3 **d'Oude Waght,** Marktplein 11, 9545 PH Bourtange (Niederlande), Tel. +31 (5 99) 35 48 84
6 **Bäckerei-Konditorei-Café Flint,** Hauptstraße 14, 26892 Heede, Tel. (0 49 63) 3 51
8 **Café-Restaurant Am Turm,** Kirchstraße 9, 26892 Heede, Tel. (0 49 63) 17 07, www.am-turm.de
12 **Eismanufaktur Losengo,** Dr.-Horstmann-Straße 1, 26871 Papenburg, www.losengo-eis.de

ENTDECKEN & ERLEBEN

1 **St.-Nikolaus-Kirche**
2 **Festung Bourtange**
4 **Heeder See**
5 **1000-jährige Linde**
7 **Wallfahrtsgelände Heede**
9 **Leher Pünte**
10 **Naturwerkstatt,** Zum Wehr 28, 26871 Papenburg, Tel. (01 52) 27 77 02 94
11 **Gut Altenkamp**

Emsfähre MehrLi

Fährvergnügen

Emsbüren und die Ems

Kirchlein St. Johannes der Täufer

Wir starten im Emsbürener Ortsteil Leschede mit dem Rücken zum Bahnhofsgebäude nach links und gelangen zur Emsstraße (L 58). Hier biegen wir nach rechts ab, um sie auch schon gleich wieder nach links zugunsten einer Tempo-30-Straße, Hinter Quaings Hof, zu verlassen. Kurz danach gelangen wir zur Lingener Straße (L 40), die wir an der Fußgängerampel nach links passieren, um auf An der Waldschule und über einen Bahnübergang hinweg einen einladenden Rastplatz am Knotenpunkt (KP) 9 anzufahren. Hier biegen wir rechts ab und können nun eine Zeit lang auf einem lauschigen **Mischwald-Singletrail,** denn das Nebeneinanderfahren ist kaum möglich, erstmals ordentlich frische Waldluft schnuppern.

Am KP 96 biegen wir rechts ab und vertrauen uns auch hier wieder geraume Zeit einer geraden Strecke an, die uns am Mooresrand entlang und wieder in den Wald führt. Hier können wir unseren Gedanken nachhängen. Am KP 34 geht es nach links und wir erblicken in der Ferne den größten emsländischen „Wolkenproduzenten", einen **Kühlturm,** auf den wir nun zusteuern. Am KP 17 biegen wir rechts ab, überqueren die Bahnstrecke und rollen, nachdem wir am friedlich gelegenen Friedhof und KP 82 nach links abgebogen sind, gemächlich ins kleine Dorf Elbergen ein. Dort befindet sich rechter Hand eine kulturhistorische Sehenswürdigkeit, das altehrwürdige **1 Kirchlein St. Johannes der Täufer.** Das gotische Gotteshaus stammt aus dem 15. Jahrhundert und zählt zu den ältesten Kirchen des Emslandes.

Kilometer: 37

Höhenmeter: 120

Stunden: 3,5

RUNDTOUR

Emswehr Hanekenfähr

Eine ***Fischtreppe*** *ist ein Bauwerk in Flüssen oder Bächen, um Fischen bei ihrer Wanderung Barrieren wie Stauwehre, Wasserkraftanlagen und Wasserfälle überwinden zu helfen. Sie ist keine normale Treppe, sondern eine Umleitung, die um das Hindernis herumführt.*

Nach einem Blick in die Kirche geht es altertümlich weiter. Dazu setzen wir unseren Weg in Fahrtrichtung und den KP 38 fort, biegen hier links ab und passieren rechter Hand das alte Backhaus. Nach Überqueren der Bahnlinie geht es am KP 12 nach rechts, um wenig später parallel zur Bahn auf die Landstraße L 40 und den KP 14 zu treffen. Hier biegen wir nach links ab und pedalieren über den KP 85 hinweg in Richtung KP 56. Dazu geht es langsam und leicht ansteigend an einer stolz aufragenden Baumreihe und dem mit Freizeitbooten bespickten Ems-Vechte-Kanal entlang, um einen „Höhepunkt" unserer Tour anzufahren. Dieser befindet sich auf der **Rad-, Auto- und Bahnbrücke,** von der wir den besten Blick (bitte dazu nur nach links sehen!) auf das große **2 Emswehr Hanekenfähr** haben. Hanekenfähr selbst besteht aus vier Wehren, einer **Fischtreppe** und Aalleiter und dient der Regulierung der Emshöhe. Es ist zudem ein hervorragendes Erholungsgebiet, in dem sich Camper und Skipper wohlfühlen. Kurz vor dem Wehr gehen Ems und Kanal getrennte Wege, nachdem sie sich wenige Hundert Meter zuvor zum ersten Mal vereinigt hatten.

Nach der schönen Aussicht kreuzen wir am Ende der Brücke kurz die L 40, um diese hinter der Bushaltestelle Hanekenfähr vorsichtig erneut zu überqueren und ganz langsam zu Ems und Kanal hinabzurollen. Schon nach rund 100 Metern heißt es brEMSen, um zwischen Parkplatzhinweis- und Halteverbotsschild nach rechts die kleine Brücke über die alte Schleuse zum gleichnamigen Café nicht zu verpassen. Das **3 Café Alte Schleuse** empfängt uns etwas versteckt, dafür umso idyllischer gelegen genau in der Spitze der beiden Wasserläufe **Dortmund-Ems-Kanal/Ems** und Ems-Hase-Kanal. Hier können wir uns auf der Gartenterrasse so richtig mit Kaffee und selbst gebackenen Kuchen verwöhnen lassen.

Kaiser Wilhelm II. eröffnete 1899 feierlich den ***Dortmund-Ems-Kanal,*** *eine 223 Kilometer lange Wasserstraße, die das Ruhrgebiet mit der Nordsee verbindet.*

Nach einer ausgiebigen Pause nehmen wir denselben Weg zurück, wenden uns hinter der Schleuse nach rechts und fahren zum Wasser hinab, über den KP 56 hinweg und unter der großen Brücke hindurch. Wir folgen nun dem grünen Pfeil auf der DEK-Route zunächst an der Bahn entlang in Richtung KP 42.

Für die Seele

Unsere Seele strömt in der Weite der Flusslandschaft und wie der kleinste Strom Deutschlands dahin.

An der nächsten Einmündung geht es direkt bei dem imposanten Kühlturm nach rechts und am Ende des Industriegebiets endlich wieder in den Wald hinein. Am KP 42 biegen wir rechts ab, gelangen nach wenigen Metern an den KP 93 und fahren mit einer Linkskurve durch Wald und an einem Grabhügelfeld vorbei weiterhin durch eine idyllische Ems-Wald-und-Wiesen-Landschaft in Richtung KP 61. Rechts erblicken wir zeitweise den Flusslauf der **Großen Aa** und gelangen an eine Kreuzung mit einer einladenden Sitzgruppe aus Holzstämmen. Hier lassen wir den grünen Pfeil Pfeil sein, biegen stattdessen rechts ab und radeln auf dem einladenden Schottersandweg in den Wald hinein. Ein Waldlehr-

Café Alte Schleuse

pfad begleitet uns, bis wir am Ende des Waldstücks mit einem kleinen Links-rechts-Schwenk an die Gleesener Straße gelangen. Jetzt wenden wir uns nach rechts und rollen über Aa, Kanal und geradeaus über den KP 53 hinweg in **Gleesen** ein. An der Querstraße und dem KP 86 haben wir die Qual der Rast-Wahl: Nach rechts geht es zur 200 Meter entfernt liegenden 4 **Radlertanke** mit Automatenverpflegung, nach links zu 5 **Querdels Hofcafé.** Familie Querdel verspricht im Mai und Juni „Spargel nach Herzenslust" und herrlich süße Erdbeeren. Das Spargelbüfett vorweg, dann einen selbst gemachten Erdbeersaft und die Erdbeer-Marzipan-Torte: Was will der Gaumen mehr?!

Zur Weiterfahrt orientieren wir uns am KP 86, von dem aus wir in südliche Richtung mit der **Emsland-Route** in Richtung KP 70 aufbrechen. Dazu biegen wir hinter dem Hofcafé an der Bushaltestelle Schule zunächst nach rechts und gleich wieder nach links Am Grünen Revier ab. Nach rund 3 Kilometern gemächlichen Ausrollens lädt uns ein Rastplatz zum Pausieren ein, um am **Kanuanleger** unsere Füße zu kühlen und die seicht dahinfließende Ems zu betrachten. Wir setzen unseren Weg in Fahrtrichtung fort und gelangen an eine Kreuzung, an der wir die L 58 nach halb rechts vorsichtig überqueren und links am Ehrenmal vorbei auf eine Baumgruppe mit schönem Rastplatz zufahren. Vor der Baumgruppe und dem Findling „Helschen" biegen wir nach rechts ab und folgen dem gewundenen Straßenverlauf durch diese sich so stolz präsentierende Bauernschaft. Vor dem Ortsplan geht es nach rechts weiter, um hinter der Bushaltestelle Hölscher auf die K 311 zu treffen. Wir biegen links ab und fahren rund 600 Meter auf dem parallel verlaufenden Radweg, bis uns rechts ein Hinweisschild unser nächstes Ziel, das 6 **Listruper Wehr,** anzeigt. Wir überqueren dazu die K 311 nach rechts und gelangen zu einer erkundungswerten Schleusenanlage. Hier nehmen wir ganz rechts die kleine Tür, die wir mit gegebenenfalls kraftvollem Stoß öffnen, um über den Schleusentorübergang zunächst zum schönen Wehr zu gelangen. Anschließend verlocken uns die Bäume auf der „Insel" zwischen Ems und Schleuse, in ihrem Schatten mit geschlossenen Augen im Gras liegend dem allseits umgebenden Rauschen des Wassers zu lauschen.

Listruper Wehr

Die Schleuse im Rücken setzen wir unseren Weg nach rechts fort, um uns parallel zur Ems an einer großzügigen Bootsanlegestelle einen weiteren schönen Emsblick zu gönnen. Nun die Ems im Rücken geht es geradeaus zur K 311 zurück, der wir nach rechts und erneut auf dem parallel verlaufenden Radweg über den KP 37 hinweg nach Listrup bis zum KP 60 folgen. Nachmittags an Sams-, Sonn- und Feiertagen fahren

Bauernhofcafé In't Hürhus

wir an der Kirche weiter geradeaus in Richtung Emsbüren. Am KP 95 überqueren wir dazu die K 311 nach rechts und gelangen auf einem Feldweg zur kleinen **7 Emsfähre MehrLi,** mit der wir uns von erfahrenen Fährleuten gerne übersetzen lassen.

Nach diesem Ems-Erlebnis folgen wir weiter dem grünen Pfeil in Richtung Emsbüren, biegen am KP 26 rechts ab, radeln geradeaus über den KP 71 hinweg und erreichen das **8 Bauernhofcafé In't Hürhus** in der Mehringer Heide, um unsere kleine Flusskreuzfahrt bei Kaffee und selbst gemachtem Kuchen Revue passieren zu lassen. Familie Hulsmeier lädt uns unter schattigen Bäumen und in üppiger Blumenpracht zu einem leckeren Buchweizenpfannkuchen ein, einer regionalen Spezialität. In't Hürhus trifft wahrlich emsländische Gastfreundschaft auf traditionelle Gaumenfreuden.

Werktags wenden wir uns hinter der Kirche in **Listrup** am KP 60 nach links und gelangen mit zusätzlichen 9 Kilometern über die KP 27, 67, 32, 68, 24, 82 ebenfalls zum KP 26 und wenig später zum Bauernhofcafé In't Hürhus. Da müssten jetzt aber zwei Stückchen Kuchen drin sein, oder?

*Der **Buchweizenpfannkuchen** ist eine heimische Spezialität und wird im Emsland auch „Bookweiten-Janhinnerk" genannt. Er ähnelt dem Crêpe und wird gerne mit Rübensirup, Preiselbeeren oder Lachs und Salat gegessen. Dazu noch ein Tässchen Tee – einfach lecker!*

Rinderfutterstelle

Nachdem wir uns ausreichend gestärkt haben, setzen wir unseren Weg in Richtung KP 64 fort. Im Spätsommer und Herbst sind wir zum Mundraub eingeladen, denn zahlreiche Apfelbäume und Brombeeren, aber auch Holunder säumen nun unseren Weg. Schon begrüßt uns die Bauernschaft **Mehringen,** in der wir den KP 64 geradeaus passieren und in Richtung KP 87 und Lingen weiterfahren. Wenn wir eine Hochspannungsleitung unterfahren haben, überqueren wir kurz darauf die Kreuzung geradeaus und erreichen nach rund 200 Metern eine 9 **Rinderfutterstelle** der besonderen Art. Für etwas Kleingeld können wir den „glücklichen" Wiederkäuern beim gemächlichen Wiederkäuen zuschauen.

Enking's Mühle

Nach einer ausgiebigen Fütterung geht es zurück zur Kreuzung, an der wir – bitte aufgepasst – ohne grüne Wegweisung und Pfeil nach rechts abbiegen und wenig später an den **Napoleondamm** kurz vor Emsbüren gelangen. Diesen überqueren wir vorsichtig nach links, um bei nächster Gelegenheit dem Schild zu unserem letzten Etappenziel zu folgen, der **Enking's Mühle.** Hier mahlt und backt der Chef noch selbst. Günter Enking backt nicht nur den „berühmten" **Pumpernickel,** seine Mühle beherbergt zudem ein schönes 10 **Mühlencafé,** in dem wir auch noch die leckere Pumpernickel-Sahne-Torte probieren sollten. Vormittags lässt sich Müller Enking auch gerne noch beim Backen über die Schulter schauen.

*Die Familie Enking backt seit Generationen nach einem uralt bewährten Rezept ihren berühmten **Delikatess-Pumpernickel** aus Schrot und vollen Roggenkörnern. Über Nacht quellen die Körner in lauwarmem Wasser auf und werden mindestens 16 Stunden gebacken.*

Nach dieser „Brotgeschmackskunde" biegen wir rechts in die Straße Zur Windmühle ein. Dieser folgen wir bis zur nächsten Kreuzung und setzen unseren Weg unbeirrt geradeaus über die Narzissenstraße bis zur Bahnhofstraße fort, mit der wir rechtsherum zu unserem Ausgangspunkt zurückkehren.

Ems
Ems-Vechte-Kanal
Elbergen
L 40
Polle
70
Bramsc
Gleesen
Dortmund-Ems-Kanal
Große Aa
Am Grünen Revier
Ems
31
Bernte
Hesselte
Leschede
Helschen
Emsstraße
L 40
Emsbüren
Ems
K 311
Berge
Mehringer Straße
Mehringen
Listrup
Napoleondamm
Ahlde
1
2
3
4
5
6
7
8
9
10
P

ALLES AUF EINEN BLICK

Entspannung 4/5
Abenteuer 2/5
Vielfalt 2/5

WIE & WANN

Überwiegend autofrei; wer ordentlich Kilometer machen möchte, kann diese Tour auch noch am Knotenpunkt 56 mit Tour 2 kombinieren. Aufgrund des Fahrplans der Emsfähre bietet sich die Tour am besten am Wochenende und an den Feiertagen zwischen Mai und Anfang Oktober an; ansonsten ist die Tour mit einem 9-Kilometer-Umweg ganzjährig befahrbar.

HIN & WEG

Auto: Parkplatz am Bahnhof Leschede, 48488 Emsbüren
ÖPNV: Bahnhof Leschede

ESSEN & ENTSPANNEN

3 **Café Alte Schleuse,** An der Schleuse 2, 49808 Lingen (Ems), Tel. (05 91) 9 15 16 59, www.cafe-alte-schleuse.de
4 **Radlertanke Gleesen,** Zur Gleesener Schleuse 3, 48488 Emsbüren
5 **Querdels Hofcafé,** Gleesener Hauptstraße 2, 48488 Emsbüren, Tel. (05 91) 9 01 29 56, www.querdel.de
8 **Bauernhofcafé In't Hürhus Mehringer Heide,** Mehringen 19 a, 48488 Emsbüren, Tel. (0 59 03) 65 60, www.mehringerheide.de
10 **Enking's Mühlencafé,** Mühlenstraße 36, 48488 Emsbüren, Tel. (0 59 03) 2 81, www.enking.de

ENTDECKEN & ERLEBEN

1 **Kirchlein St. Johannes der Täufer**
2 **Emswehr Hanekenfähr**
6 **Emswehr Listrup**
7 **Emsfähre MehrLi**
9 **Rinderfutterstelle**

Speicherbecken Geeste

See Moore

Geeste vor und zurück

Wir starten am **Bahnhof Geeste** jenseits der Bahnschranke auf Höhe des Ortsausgangsschildes Osterbrock und am Knotenpunkt (KP) 15. Von hier aus begeben wir uns zielstrebig über den Dortmund-Ems-Kanal und den KP 57 hinweg zum KP 2. Am Ortseingang Geestes und dem KP 2 angekommen, überqueren wir in Richtung KP 30 vorsichtig die L 67 nach links in den Amselweg hinein. Gleich radeln wir links in den Starenweg und rechts in die Fasanenstraße, um mit dieser an unseren eigentlichen Start- und Zielpunkt zu gelangen, den **1 Geester Speichersee.** Am KP 30 geht es zunächst nach rechts und wieder nach links die Auffahrt zum Seedamm hinauf, um unvermittelt über den Rand hinweg auf die atemberaubende Weite des Sees zu schauen.

*Der 180 Hektar große **Speichersee** wurde als Kühlwasserbecken für das Kernkraftwerk Lingen angelegt. Heute ist er ein beliebter Freizeitsee für Segler, Surfer und Spaziergänger. Ein 850 Meter langer Badestrand lädt nicht nur Radelnde zur Erfrischung ein.*

Wieder zu Atem gekommen, fahren wir nun gemächlich nach rechts immer am See entlang und am **Windsurfclub Emsland** vorbei. Vor dem Kinderspielplatz müssen wir absteigen und kurz unser Rad schieben, um unsere erste Kaffeestation, die **2 Deichkrone,** zu erreichen. Die Krone vereint ein Restaurant, ein Café und eine Strandbar unter ihrem Dach. Hier herrscht uneingeschränkter Genuss mit Seeblick, dem wir schon jetzt verfallen, ihn uns aber auch für den krönenden Abschluss unserer Tour aufsparen können.

Wieder im Sattel sitzend, radeln wir entspannt am Ufer entlang weiter. Am **Segelclub SvSE** heißt es dann aufgepasst! Hier sagen wir dem See erst einmal Adieu und nehmen vorsichtig abwärtsrollend den abschüssigen Weg 100 Meter nach rechts, gehen in die Bremsen

Kilometer: 47
Höhenmeter: 120
Stunden: 4,5
RUNDTOUR

Speichersee Geeste

Ölnicker

und biegen nochmals rechts ab. Nach weiteren 100 Metern kommen wir nach links über den Parkplatz mit Schrankenanlage hinweg an die Geester Straße heran, der wir auf dem parallel verlaufenden Radweg rund 200 Meter nach rechts folgen. Nachdem wir vorsichtig diese Straße nach links **Im Holte** überquert haben, hat das „Wenden und Halsen" zunächst ein Ende – jetzt ist Entspannung pur angesagt! Dazu vertrauen wir uns dem **grünen Pfeil** an, mit dem wir auf eichenumsäumten Wegen auf den KP 54 und unser nächstes Gewässer, natürlich die **Ems,** zufahren. Hinter dem Rastplatz am **„Ölnicker",** der alten Erdölpumpe, erhaschen wir einen wunderbaren Blick auf den meist träge dahinfließenden kleinsten Strom Deutschlands.

Vor der **Niedersachsenbrücke** geht es plötzlich nach links, um unter der Brücke hindurchzufahren und am KP 54 wieder aufzutauchen. Wir überqueren die Ems und rollen neben der L 67 her auf den Kreisverkehr und den KP 78 zu. Ab hier radeln wir entspannt in

Das 10 Quadratkilometer große ehemalige ***Erdölfördergebiet Lingen-Dalum*** *ließ von 1949 bis 1997 die Pumpen nicken. Nach wie vor wird im Emsland das „Schwarze Gold" gefördert, vor allem entlang der Grenze zu den Niederlanden.*

Schlagweite der Ems zum KP 20, um am Rande Dalums über die KP 87 und 67 und an der Kriegsgräberstätte vorbei zum KP 28 zu gelangen. Dort überqueren wir die K 225 vorsichtig nach rechts und fahren auf den KP 64 zu. Noch scheint die Autobahn dem Zusammentreffen von Rad und Natur im Wege zu stehen. Doch wenn wir in Richtung KP 64 die BAB 31 mit Schwung überquert haben, kommen wir voll und ganz auf Moor-Kosten. Dazu wenden wir uns zunächst am KP 64 nach rechts, gelangen nach wenigen Metern zu unserem ersten Aussichtspunkt und gönnen uns einen wunderbaren Blick über das ③ **Geestmoor.** Und es soll noch besser kommen: Nach einer kleinen Pause kehren wir zum KP 64 zurück, überqueren die Straße geradeaus in Richtung KP 6 und fahren in den Brachvogelweg ein, um nun kilometerweit in das herrliche **Dalum-Wietmarschener Moor** einzutauchen. Diese wunderbare Landschaft ist vielfältig und eigentlich immer in Bewe-

Für die Seele

Vom Speichersee über die Ems, die Gewässer des Moores bis zu Tümpeln ist für jede Stimmung etwas dabei.

Geestmoor

Rundum-Aussichtshügel

gung: sanft wiegendes Wollgras, üppige Erikablüte und Tümpel, die den blauen Himmel und weiße Wolken spiegeln. Am ❹ **Rundum-Aussichtshügel** angekommen, legen wir nun eine längere Rast ein, um auf der Plattform nicht nur die Weite, die unterschiedlichen Moorfarben und -formen, sondern auch – bei Westwind – die Stille zu genießen.

Wir verlassen das Moor und fahren mit einer Linkskurve auf den KP 6 zu. Hier setzen wir unseren Weg geradeaus in Richtung KP 35 fort, biegen vor dem „Wäldchen" links ab, überqueren wenig später zunächst die K 225 und erneut mit Anlauf die BAB 31. Noch einige Zeit An der Moorbecke geradeaus, dann erreichen wir an einer Kreuzung unseren nächsten Halt, ❺ **Lammers Radelstop.** Die kleine Hütte bietet uns in Automaten neben Kaffee auch Kaltgetränke und Süßes an. „Bestückerin" Bianca Lammers empfiehlt uns besonders den Käsekuchen, der bei Radlern als „Ersatz-Kraftriegel" immer wieder genussvoll aus der Verpackung gerissen wird.

Da auf dem Land immer mehr Gaststätten ihre Türen erst zum Abend oder gar nicht mehr öffnen, erfreuen sich ***Radelstopps, -tanken und Melkhueser*** *großer Beliebtheit. Häufig sind sie mit Hofläden kombiniert – und an heißen Tagen für viele Radelnde die Rettung.*

Mit dem Radelstopp im Rücken wenden wir uns nach rechts, überqueren unmittelbar geradeaus die Kreuzung und die Brücke mit blauem Geländer und fahren auf dem Weg Siedlung weiter. Auf Höhe der Bushaltestelle Wietmarschener Damm/Kottheide passieren wir geradeaus die L 67 und können nun wieder dem grünen Pfeil bis zum KP 85 folgen. Hier setzen wir unseren Weg nach rechts, uns weiterhin dem grünen Pfeil anvertrauend, bis zum KP 44 fort. Fast schnurstracks geradeaus geht es zunächst über weites Feld – dieser Abschnitt eignet sich zur Meditation und Gedankenabschaltung – bis zu einer Kreuzung. Nun wenden wir uns nach links, von wo uns der grüne Pfeil behutsam an den schönen **6 Wachendorfer Wacholderhain** heranführt.

Wir durchfahren ihn, Heideluft schnuppernd, an urig verästelten Bäumen entlang, bis wir links einen kleinen Wegweiser zum Hermann-Löns-Stein erblicken. Hier können wir uns auf den kleinen Fußpfad begeben, der uns nach knapp 200 Metern zu einer stillen Lichtung im Walde führt, auf der wir unsere Seele umgeben von Bäumen, vor allem der schönen Eiche, baumeln lassen können.

Weiter geht es mit dem Pedaltreten und grünem Pfeil an die Dalumer Straße (L 48) heran und auf dem parallel verlaufenden Radweg durch **Wachendorf** hindurch wieder auf unsere Ems zu. Nun können wir gemächlich abwärtsrollen und immer wieder einen schönen Emsblick erhaschen, bis wir an der belebten Querstraße K 321 den KP 44 erreichen. Hier dürfen wir

*Der **Wachendorfer Wacholderhain** ist ein Mix aus Binnendünen, Heide und Wacholdern. Ginster und Silbergras geben dem Naturschutzgebiet sein schönstes Gepräge. Ein 3,5 Kilometer langer Erlebnispfad führt weiter südlich durch eine reizvolle Sandlandschaft an einen klaren See.*

entscheiden: Nach rechts auf der anderen Straßenseite der K 321 befindet sich nach rund 200 Metern ein Eingang zum ❼ **Naturerlebnislehrpfad** mit Zugang zum Wachendorfer See, gegenüber der Eingang zum Biergarten des ❽ **Kiebitz** und nach rechts 200 Meter weiter der gastronomische ❾ **Kanuhof.** Das Kiebitz ist Café, Restaurant und Kneipe in einem. Früher nahmen hier die Landwirte ihr Feierabendbier ein. Auf uns wartet zumindest ein Vor-Feierabend-Kaltgetränk – und sonntags auch unsere PS-starken Geschwister, die Biker! „Schlemmen & snacken" heißt es im Kanuhof Zur Ems. In Schlagweite unseres Flusses lädt uns Nicole Berger zu hausgemachten Kuchen oder ihrem einzigartigen Veggie-Büfett ein. Abwechslungsreich, lecker und vegan – ein gehaltvoller Schlemmergenuss.

Nach dieser gemütlichen Pause geht es mit der L 48 und nach Osten über die Ems hinweg und in weitem Bogen zum KP 4 weiter. Hier verlassen wir die Landstraße nach links mit der **Emsland-Route** zugunsten des Meschweges in Richtung KP 36 und nach **Holthausen** hinein. Nach einer Rechtskurve erblicken wir unsere nächste Rast, die ❿ **Emshütte,** an der wir uns mit Kaffee, Eis und Snacks nochmals für unsere letzten Kilometer stärken.

Wachendorfer See

Nach unserer Pause geht es zur Einmündung zurück und in die Kroppstraße hinein, um über den KP 36 zunächst an der Katholischen Akademie **Ludwig-Windthorst-Haus** vorbei und danach durch schönste Emslandschaft in Richtung KP 6 zu fahren. Im Zickzack rollen wir durch Wald, Wiesen und an Gehöften vorbei, bis wir auf Höhe des Sportplatzes des Biener SV hinter dem letzten Fußballfeld an einen Querweg und den Biener Busch gelangen. Wir wenden uns zunächst noch einmal nach links, um uns links von einer einladenden ⑪ **Sonnenliege** aufnehmen zu lassen. Hier können wir noch einmal in aller Ruhe das Emsfeeling erspüren und gleich unsere Seele seicht mit dahinfließen lassen, bevor wir für heute Abschied von unserem schönen Fluss nehmen. Dazu nehmen wir den Weg zurück und biegen wenige Meter hinter dem Fußballfeld nach links in den ⑫ **Biener Busch** ein.

Der romantische Auwald ist einfach traumhaft per Rad zu durchstreifen. Tauben in Baumhöhlen, klopfende Spechte und Gänse vom Nil sind hier ebenso gern zu Gast. Wir bleiben immer geradeaus auf dem Hauptweg und lassen uns von Buchen, Eichen und Tümpeln umfangen, bis wir an einen Querweg gelangen, an dem es wieder „aufgepasst" heißt. Wir wenden uns nach links und nach 100 Metern erneut nach rechts, um mit dem kleinen, nahezu unbedeutenden Pfad den Busch wieder zu verlassen. Vorsichtig, besser vom Rad steigend, überqueren wir eine kleine **Betonrohr-Furt,** halten uns am Wasserlauf geradeaus und gelangen an eine Brücke. Wir passieren die Brücke und folgen dem Schotterweg, der wenig später in Asphalt übergeht, geradeaus über das Stopp-Schild und die Kreuzung hinweg. Mit dem Speckenweg kehren wir an die uns bereits bekannte Geester Straße zurück.

Auf der anderen Straßenseite nimmt uns nach links der bereits vom Hinweg vertraute Parkplatz in Empfang. Wieder geht es durch die Schranke, dann vor der Treppe nach rechts und nach 100 Metern halb links den Damm hinauf, sodass wir nunmehr rechts

Biener Busch

vom Segelsportverein und kurz vor dem Schwimmrettungsreifen 23 auf den Seeuferweg stoßen. Ahoi! Nun können wir die Runde um den **Speichersee** geradewegs am Wasser entlang vollenden. Immer wieder laden uns Bänke zum Verweilen ein, um uns dem Küstenfeeling hinzugeben. Besonders schön ist der Abschnitt am nördlichen Ende, wenn wir neben dem Seeblick auch noch einen Blick auf das auenhafte Feuchtbiotop werfen können.

Auf Höhe des Rettungsreifens 9 und am Fußwanderwegepunkt 14 angekommen, können wir entscheiden, ob wir unsere Tour in der **Deichkrone** mit Strandatmosphäre ausklingen lassen und noch ein wohlverdientes Fußbad am fast kilometerlangen Sandstrand nehmen. Oder wir lassen uns hier nach rechts den Weg mit der Ziffer 49 kurz hinunterrollen, bis wir unseren Ausgangspunkt KP 30 am Speichersee wieder erreicht haben. Von hier geht es mit dem grünen Pfeil über die KP 2 und 57 zurück zum Startplatz am KP 15.

Osterbrock
P
70
Geeste
L 67
Ems
Geestmoor
Dalum-Wietmarscher Moor
Dalum
An der Moorbeeke
Siedlung
Wietmarscher Damm
K 225
31
Süd-Nord-Straße
Speicherbecken Geeste
Speckenweg
Geester Straße
Biener See
Holthausen
Dalumer Straße
Wacholderheide
Dortmund-Ems-Kanal
Meppener Straße
Altenlingen
Heukamps
K 321
L 48
Schwartenpohl
1
2
3
4
5
6
7
8
9
10
11
12

ALLES AUF EINEN BLICK

Entspannung 2/5
Abenteuer 2/5
Vielfalt 4/5

WIE & WANN

Überwiegend asphaltierte Wege, besonders empfohlen bei Westwind, um dem Autobahnlärm im Moor zu entgehen. Ganzjährig befahrbar.

HIN & WEG

Auto: Parkplatz am Bahnhof, Bawinkeler Straße, 49744 Geeste
ÖPNV: Bahnhof Geeste

ESSEN & ENTSPANNEN

2 **Restaurant Deichkrone,** Biener Straße 15, 49744 Geeste, Tel. (0 59 07) 73 73, www.deichkrone-restaurant.de
5 **Lammers Radelstop,** Siedlung 4, 49744 Geeste, Tel. (0 59 37) 85 47
8 **Gaststätte Kiebitz,** Dalumer Straße 21, 49808 Lingen (Ems), Tel. (05 91) 31 99 39 59, www.kiebitz-wachendorf.de
9 **Gaststätte Kanuhof Zur Ems,** Dalumer Straße 20, 49808 Lingen (Ems), Tel. (05 91) 31 99 38 08, www.kanuhof-zurems.de
10 **Emshütte,** Wachendorfer Straße 1, 49808 Lingen (Ems)

ENTDECKEN & ERLEBEN

1 **Geester Speichersee**
3 **Aussichtspunkt Geestmoor**
4 **Rundum-Aussichtshügel Dalum-Wietmarschener Moor**
6 **Wachendorfer Wacholderhain**
7 **Naturerlebnislehrpfad**
11 **Sonnenliege an der Ems**
12 **Biener Busch**

Im Paradies

Zwischen Meppen und Haren

Wir starten mit dem Rücken zum Bahnhofsgebäude in Meppen nach rechts und fahren mit einer Linkskurve und auf der Bahnhofstraße an der Kirche vorbei auf die Kreuzung auf Höhe der **Polizeiwache** zu. Diese überqueren wir geradeaus und durchfahren in Richtung Festungswall und Marktplatz die Einkaufsstraße, um an deren Ende die Hauptstraße zu überqueren und nach links über die **Hase-Hubbrücke** zum Knotenpunkt (KP) 69 zu gelangen. Auf der Brücke können wir nach links einen schönen Blick auf die Inselspitze und **Höltingmühle** erhaschen, wo Ems-Kanal und Hase sich begrüßen. Weiter geht es hinter der Brücke nach rechts und am Ufer entlang auf die Aussichtsplattform zu, an der sich nun Ems und Kanal vereinigen. Ein Blick in die verwirrende Wasserlandschaft lässt uns kurz verweilen, bevor wir unsere Fahrt zum KP 94 fortsetzen. Hier halten wir uns rechts, überqueren die **Schullendamm-Brücke,** um gleich dahinter nach rechts und nun immer am Ufer entlang die Stadt in Richtung KP 84 zu verlassen.

Höltingmühle

Kilometer: 38

Höhenmeter: 110

Stunden: 3,5

RUNDTOUR

Kurz nachdem wir unter der B 70 hindurchgefahren sind, entfaltet sich vor uns ein wahres Naturparadies. Rechts die Ems und links der Esterfelder Forst lassen uns mehr und mehr in ein herrliches Flusspanorama eintauchen. Und es kommt noch schöner: Vor der Sackgasse biegen wir links in einen wunderbaren Waldweg ein, der uns mit knorrigen Bäumen willkommen heißt und am Südufer

des ❶ **Altarms Roheide West** entlang in einen zauberhaften Wald hineinführt. Hinter den Baumriesen scheint immer wieder die Alte Ems auf, an deren Ufer wir jederzeit innehalten können, um diese verwunschene Landschaft in Ruhe auf uns wirken zu lassen.

Mit einer weiteren Linkskurve verlassen wir den Forst und folgen dem **grünen Pfeil** unter einer Hochspannungsleitung hindurch und geradeaus über den KP 84 hinweg nun durch Feld und Flur zum KP 55. Hier radeln wir nach rechts und gelangen an einen kleinen **Aussichtsturm.** Von diesem haben wir einen herrlichen Blick auf das vor uns liegende Naturschutzgebiet, in das wir direkt über die Holzbrücke einfahren. Das ❷ **Borkener Paradies** hält Auwald, Hude-Weideland und Magerrasen auf ursprünglich sandigem Boden für uns bereit, und wer im Frühjahr und Sommer diese Landschaft durchstreift, hört meistens ein Sinfoniekonzert aus Vogelstimmen: Nachtigall, Drossel, Fink und Star geben die Hintergrundmusik für ein Naturensemble aus bunt gesprenkelten Weiden, friedlich grasenden Rindern und Pferden, Zitronenfaltern, sur-

Für die Seele

Hier kann die Seele in irdische Paradiese eingehen und seelenruhig weiter (Rad) wandern.

Einfahrt ins Borkener Paradies

renden Bienen und Hummeln auf dem Flug zu Gänseblümchen, Veilchen, Hahnenfuß und Heidenelke. Und dazu die bizarr geformten, urwüchsigen Bäume – ja, so könnte das Paradies aussehen!

Die ehemalige Festungsstadt ***Meppen*** *wird heute statt von Mauern von Flüssen, Kanälen und Bächen „umarmt": Ems, Hase, Dortmund-Ems-Kanal, Ems-Hase-Kanal, Alte Ems, Alte Hase, Altarme Roheide, Nordradde – und dem schönen Stadtgraben.*

Wir folgen dem grünen Pfeil bis unter die B 402 hindurch, um gleich darauf auf eine weitere Brücke und den KP 12 zuzufahren. 100 Meter vor der Brücke heißt es jedoch aufgepasst: Am Ende des schmalen Waldstreifens will uns ein kleiner Weg nach rechts ins nächste, das **3 Versener Paradies** geleiten und an einen versteckten, stillen Rastplatz mit einladender Ruhebank an der **Alten Ems** führen. Hier können wir wahrlich die Seele baumeln lassen.

Hoffentlich gut ausgeruht geht es zur Wehrstraße zurück. Wir halten uns rechts und legen auf der Mitte der Brücke einen kurzen Stopp ein. Wir stehen nun über der „neuen" Ems, wenden unseren Blick nach rechts und genießen das dreifache Ems-Treffen von „neu", „alt" und Kanal. EMSig setzen wir nun unseren Weg nach rechts hinter der Brücke zum KP 12 fort, um gleich wieder nach links über die Holthausener Dorfstraße in den gleichnamigen Ort einzufahren. Am schönen Dorfplatz geht es mit der Dorfstraße und einer

Rechtskurve auch schon wieder aus dem Dorf hinaus, um mit dem grünen Pfeil links am Glockenturm vorbeizufahren und kurz hinter der Bushaltestelle Osterfeldstraße eine kulinarische Überraschung zu erleben: Rechter Hand befindet sich die ungewöhnlich bestückte Selbstbedienungshütte 4 **Saschas Räucher-Haus,** vor der Fischliebhaber gerne Platz nehmen.

*Angler Sascha Tengen bietet im **Saschas Räucher-Haus** am Freitagmorgen leckeren Aal, Forelle und Lachs aus dem eigenen Räucherofen und ansonsten im Automaten an. Ein wahrer Ems-Genuss rund um die Uhr!*

Gestärkt radeln wir auf der Holthausener Dorfstraße weiter bis zur nächsten Kreuzung, an der es erneut aufgepasst heißt: Rechts geht es in die Sackgasse Am Dücker. Wir wenden uns jedoch jetzt ohne grünen Pfeil nach links und folgen dem Asphaltweg immer parallel zur Hochspannungsleitung und wenig später geradeaus in die Sackgasse hinein, bis wir an eine Gabelung kommen. Hier wenden wir uns zunächst nach links, um in ein weiteres Paradies zu gelangen: Denn nur wenige Meter weiter eröffnet sich uns eine Sitzgruppe mit herrlichem Wiesen-Wasser-Blick. Wir befinden uns an den 5 **Hünteler Laichgewässern,** die uns in Stille und Muße zu einer erneuten Ruhepause einladen.

Hünteler Laichgewässer

Weltkarte Gaskraftwerk

Zurück an der Gabelung wenden wir uns mit dem Sandweg nach links und fahren nun durch ein Biberrevier und unter der Hochspannungsleitung hindurch bis zur Kreisstraße (K 239). Hier wenden wir uns nach links, passieren den Kilometer 4,4 und gelangen auf dem parallel verlaufenden Radweg zur **Emsbrücke Wesuwe.** Parallel verläuft noch die alte eisenbewehrte und „schönere" Emsbrücke, die an ihrem Ende mit einem Infostand und einer feinen Pausenhütte aufwartet. Am KP 95 setzen wir unseren Weg nach rechts zum KP 47 fort, lassen uns gemächlich am Ufer entlang hinabrollen und touren an der Ems entlang, bis wir sie an einem Kruzifix mit einer Linkskurve für kurze Zeit verlassen. Kurz danach eröffnet sich uns ein spektakulärer Blick: Der Schweizer Künstler Christoph Rihs malte 1994 auf

Maritime Meile Haren

dem 131 Meter hohen Kühlturm des ehemaligen Gaskraftwerkes eine **Weltkarte,** die laut Guinness-Buch der Rekorde die größte der Welt ist.

Weiter geht es mit dem **Spiekweg** wieder an die Ems heran, um unter der B 408 hindurch und an der alten Fährstelle und dem Yachthafen vorbei über die kleine Schleuse mit Drehbrücke in **Haren,** der Stadt mit Schifffahrtstradition, einzufahren. Zahlreiche bunte Schiffe und „Pünten" heißen uns willkommen und zeugen davon, dass Haren die viertgrößte Werft für Binnenschiffe in Deutschland beherbergt.

Von 1945 bis 1948 stand ***Haren*** *unter polnischer Besatzung und hieß Maczków. Das kleine, feine Museum Inselmühle, nicht weit vom Emslanddom entfernt, gibt einen richtig guten Einblick in dieses Kapitel jüngerer Stadtgeschichte.*

Hinter der Schleusenklappbrücke am KP 47 wenden wir uns mit der Kanalstraße, der „maritimen Meile" Harens, nach links, um am Haren-Rütenbrock-Kanal zum schönen 6 **Schifffahrtsmuseum** zu gelangen. Nachdem wir die verschiedenen Schiffe inspiziert haben, setzen wir unseren Weg noch ein kurzes Stück am Kanal und über das Museumsgelände fort, um an der nächsten Klappbrücke nach rechts abzubiegen und mit der Tempo-30-Kirchstraße an der Kita St. Elisabeth vorbei auf die Kuppel des imposanten 7 **Emslanddoms** zuzufahren. Der Dom St. Martinus beeindruckt durch seine innere Weite und Großzügigkeit. Die fast 60 Meter hohe Kuppel ist eine weithin sichtbare Landmarke.

Schifffahrtsmuseum Haren

Nach der Besichtigung können wir im 8 **Eiscafé Dolomiti** ein „cooles" Kaffeepäuschen einlegen. Michele Sommavilla empfiehlt uns natürlich nicht nur den erfrischenden Hausbecher Dolomiti, sondern auch ein oder zwei Stückchen seiner leckeren Eistorten. Nach der süßen Pause fahren wir mit der Emsstraße in östliche Richtung am **Reedereimuseum** vorbei auf die Emsbrücke zu. Am KP 9 beginnen wir mit der Emsüberquerung, um

Emslanddom

uns unmittelbar hinter der Brücke nach links zum KP 21 hinabrollen zu lassen. Hier wenden wir uns nach links, unterqueren die Emsbrücke, passieren die alte Fährstelle – das Gegenüber kennen wir schon –, unterfahren erneut die B 402 und gelangen zu einer Sitzgruppe an der Einfahrt zum **Eurohafen.** Erneut können wir die Welt auf der großen Karte bestaunen, bevor es an die Hafenumrundung geht. Am KP 32 biegen wir rechts ab und folgen dem Radweg nun unbeirrt bis zum KP 58. So geht es zunächst parallel zur Hünteler Straße nach Süden. Am Fahrradrastplatz biegen wir nach rechts Richtung Hünteler Schleuse ab und radeln auf dem schön grün flankierten Radwanderweg die Südseite der Hafenanlage entlang, bis wir die Hafenausfahrt nebst einem weiteren „Rad-Ankerplatz" erreichen, der uns einen weiten Emsblick erlaubt.

Nach dieser schönen Aussicht fahren wir mit hoffentlich viel Rückenwind gemütlich-genüsslich geradewegs am Ufer entlang gen Süden. Am nächsten Rastplatz, wo Ems und Kanal sich erneut

„küssen", können wir den BrEMSvorgang einleiten, um wenig später an der Hünteler Schleuse einen längeren Stopp in 9 **Lottas Café** einzulegen. Lotta hat am Wochenende alles im Angebot, was die Ems-Schiffer und -Radler begehren. Neben leckerem Fisch gibt es kühle Schorlen oder frischen Kaffee mit einem ordentlichen Stück „Schleusentorte". Und sollte die Sonne mal nicht über der Ems flanieren, hat Lotta noch den Bruno, einen Eisenofen, an dem man sich aufwärmen kann.

Weiter geht es geradewegs am Wasser entlang nach Süden über den KP 14 in Richtung KP 50. An der übernächsten Brücke, die Fußgängern und Radlern vorbehalten ist, verlassen wir unmittelbar hinter den zwei Eichen den Uferweg nach links, um uns mit dem leicht ansteigenden Weg parallel zum herabkommenden **Brücken-Weg** von einer Asphaltstraße in südöstliche Richtung aufnehmen zu lassen. An der nächsten Einmündung, das Sackgassenschild im Rücken, biegen wir nach links ab und fahren unter der Hochspannungsleitung hindurch auf die Querstraße Unterm Krähenberg zu. Hier biegen wir rechts ab, erklimmen die kleine Anhöhe und fahren nun wieder mit dem grünen Pfeil in das Dorf **Hemsen** ein. Hinter der Bankgruppe und kurz

Lottas Café

De Verteller

vor der K 239 biegen wir nach rechts ab und erreichen die **Marienkirche,** vor der bereits *de Verteller* auf der Bank Platz genommen hat. Vielleicht setzen wir uns wie das Kind dazu und lassen uns auf einen Plausch mit dem Erzähler ein!?

Hinter der Grundschule biegen wir rechts in die **Südfehnstraße** ab und fahren auf den KP 54 zu, um uns hier nach links Zum Jägersberg und zum KP 21 aufzumachen. An der nächsten Querstraße halten wir uns rechts, um unmittelbar nach links in das nette Waldstückchen einzufahren. „Geschlängelt" geht es nun mit grünem Pfeil durch Feld, Wald, Au und Flur und noch einmal nach links unter einer Hochspannungsleitung hindurch, bis wir auf eine Querstraße stoßen, von der aus wir das gelbe Ortseingangsschild von **Borken** erblicken. Nun heißt es aufgepasst: Wir vernachlässigen den grünen Pfeil, fahren nicht nach Borken ein, sondern biegen nach rechts ab. Wir folgen dem asphaltierten Feldweg nach Westen, bis wir an eine Weggabelung gelangen, der wir nach rechts folgen. Mit einer weiten

Rechtskurve radeln wir um den **Auensee Deep Dill** herum und zunächst auf einem Betonplattenweg mit mittlerem Grünstreifen, dann auf Pflastersteinen unter der B 402 hindurch.

Gleich hinter der Brücke biegen wir rechts ab und gelangen parallel zur B 402 kurze Zeit später an den **Dortmund-Ems-Kanal** zurück. Hier beenden wir unsere Landpartie, biegen links ab und vertrauen uns nun wieder dem Uferweg an. Auf diesem gelangen wir zur Holzbrücke über den Altarm Roheide Ost, vor und hinter dem wir zwei schöne Rastplätze finden, die uns zu einem ordentlichen Durchschnaufen und schönen Wassersichten einladen. Jetzt erblicken wir zudem am gegenüberliegenden Ufer unsere Einfahrt in den „Zauberwald". Weiter geht es am Kanal entlang, am Friedwald vorbei und auf den KP 21 zu. Hier können wir länger ausruhen, indem wir nach links zum nahen **10 Restaurant Yachthafen** abbiegen. Nach so viel Wasser- und Wegstrecke dürfen wir uns sicherlich mit gutem Gewissen verwöhnen lassen.

Knapp 2 Kilometer sind es dann noch vom KP 21 bis zum KP 13, den wir geradeaus passieren. Mit der Post- und Bahnhofstraße kehren wir wenig später zu unserem Ausgangspunkt zurück.

Neben der Emsland-Route gibt es für Radler auch noch die ***Dortmund-Ems-Kanal-Route.*** *Auf rund 340 steigungsfreien Kilometern geht es von Dortmund durchs „Revier", das Münster-, Ems- und Ostfriesland bis zum Wattenmeer.*

Ems-Altarm

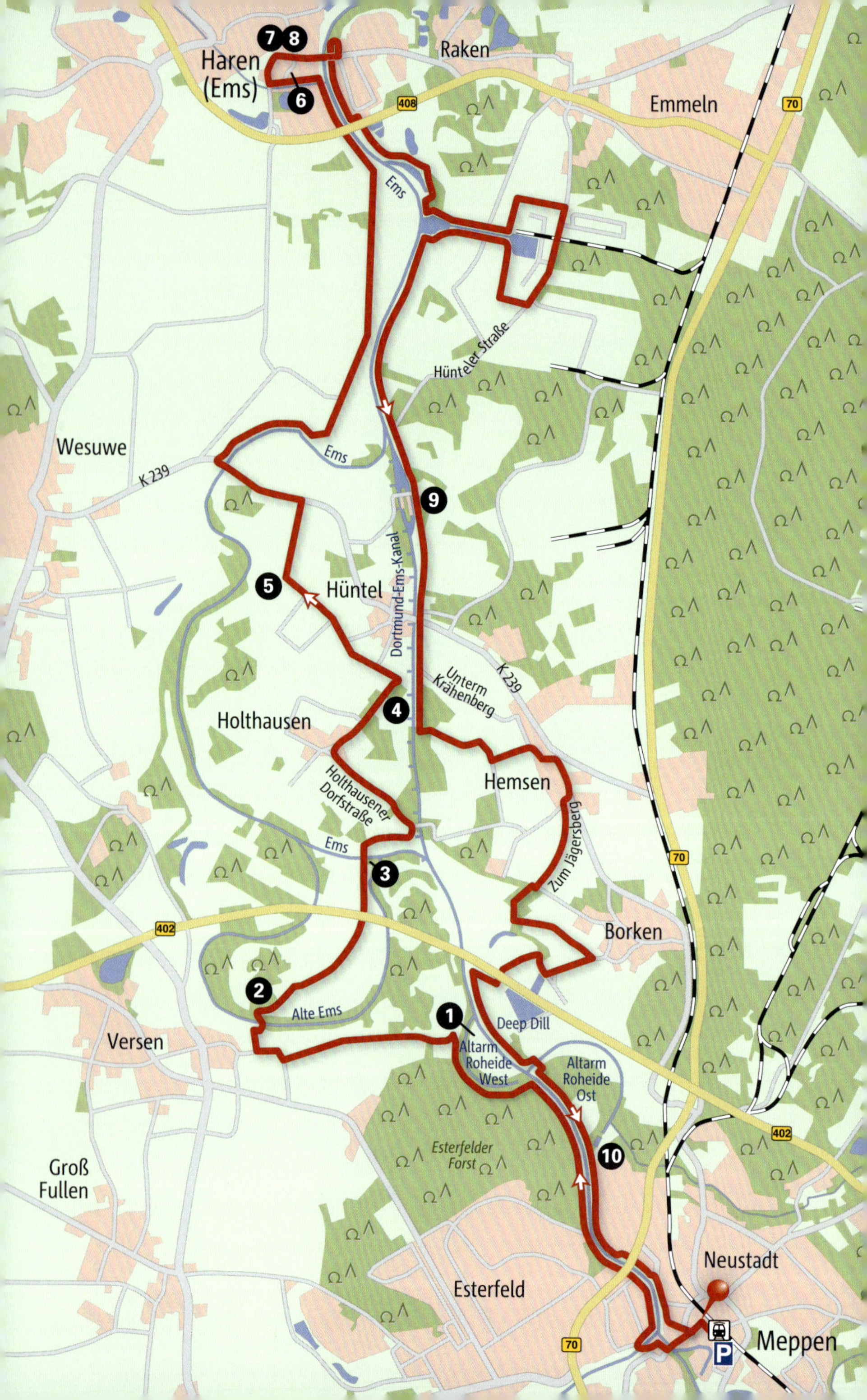
Haren (Ems)
Raken
Emmeln
408
70
Ems
Hünteler Straße
Wesuwe
K 239
Ems
Hüntel
Dortmund-Ems-Kanal
Unterm Krähenberg
K 239
Holthausen
Hemsen
Holthausener Dorfstraße
Zum Jägersberg
Ems
Borken
402
Alte Ems
Deep Dill
Altarm Roheide West
Altarm Roheide Ost
Versen
Esterfelder Forst
Groß Fullen
Neustadt
Esterfeld
Meppen
1
2
3
4
5
6
7
8
9
10

ALLES AUF EINEN BLICK

Entspannung 3/5
Abenteuer 2/5
Vielfalt 4/5

WIE & WANN

Überwiegend Asphalt, keine Steigungen; ganzjährig befahrbar.

HIN & WEG

Auto: Parkplatz am Bahnhof, Bahnhofstraße, 49716 Meppen
ÖPNV: Bahnhof Meppen

ESSEN & ENTSPANNEN

4 **Saschas Räucher-Haus,** Holthausener Dorfstraße 16, 49716 Meppen
8 **Eiscafé Dolomiti,** Emsstraße 1, 49733 Haren (Ems), Tel. (0 59 32) 5 00 99 55
9 **Lottas Café,** Hünteler Schleuse 4, 49733 Haren (Ems), Tel. (0 59 32) 5 00 42 46
10 **Restaurant Yachthafen,** Schützenhof 99, 49716 Meppen, Tel. (0 59 31) 71 77, www.yachthafen-restaurant.de

ENTDECKEN & ERLEBEN

1 **Altarm Roheide West**
2 **Borkener Paradies**
3 **Versener Paradies**
5 **Hünteler Laichgewässer**
6 **Schifffahrtsmuseum Haren,** Kanalstraße 1, 49733 Haren (Ems), Tel. (0 59 32) 58 43, www.schifffahrtsmuseum-haren.de
7 **Emslanddom**

EMSig geradelt

Inselfeeling rund um Lathen

Mit dem Rücken zum Bahnhofsgebäude in Lathen wenden wir uns kurz nach rechts, um unmittelbar nach links in die Große Straße einzubiegen und geradeaus am Rathaus vorbei und über den Markt hinweg an die Hauptstraße zu gelangen. Hier halten wir uns rechts und erreichen das Herzstück Lathens, den schönen historischen **Marktbrunnen.** Diesen passieren wir rechts und fahren links mit der Emsstraße aus dem Ort. Am Knotenpunkt (KP) 53 wenden wir uns nach links, um über die Brücke zum KP 8 zu gelangen.

Auf der Brücke lädt uns ihr Namensgeber, der **heilige Vitus,** zu einem ersten Ems-Rundumblick ein. Denn auf uns wartet nun ein wunderbares Wechselspiel zwischen Ems, alter Ems und Ems-Kanal. Am KP 8 geht es dazu rechts Zum Wehr in einen schönen Weg hinein, der sich in einen Uferweg wandelt und mit dem wir, immer dem **grünen Pfeil** zum KP 3 folgend, über die Wehrbrücke in eine bezaubernde „Insellandschaft“ einfahren. Gleich hinter der Brücke könnten wir rechts durch das Gebüsch hindurch die Alte Ems erspähen, die uns in einem weiten Bogen Geleit bis zur Inselspitze geben wird, wo sich Alte Ems und Ems-Kanal „küssen“ werden. Doch zunächst geht es noch einmal im Zickzack durch ein schönes Waldstück, bis wir wieder in Ufernähe gelangen und in Sichtweite der Alten Ems unseren ersten Rastplatz am **1 Sportboothafen Fresenburg** erreichen. Hier können wir auf einer der zahlreichen Bänke Platz nehmen, die uns immer wieder zum „Perspektivwechsel“ einladen.

Kilometer: 38
Höhenmeter: 80
Stunden: 3,5
RUNDTOUR

Sportboothafen Fresenburg

Weiter geht es am Ufer entlang; und wer keinen Platz am Bootshafen fand, kann nun seinen Emsblick an der Raststation in der **Inselspitze** einnehmen. Nach diesem Stopp geht es mit einer scharfen Linkskurve und der Mühlenstraße parallel zum Kanal auf den KP 3 und die Ortsmitte **Fresenburgs** zu. Hier biegen wir links ab und fahren mit der Alten Dorfstraße dem KP 7 entgegen. Am Ende der Dorfstraße wenden wir uns dazu nach rechts und pedalieren mit dem Grünen Weg zwischen Glockenturm und Kapelle hindurch, um kurz rechtsherum und wenig später nach links nun richtig Fahrt durchs schöne Ems-Hinterland aufzunehmen. Mit dem Schützenweg und Zum Brink geht es auf die K 131 zu, um uns hier noch einmal nach links Zur Schleuse zu begeben. An der **Düther Schleuse** erwarten uns im gleichnamigen **2 Gasthaus** Marco und Roman, die auf einer der schönsten Balkonterrassen des Emslandes zu einer ersten ausgiebigen Kaffeepause einladen. Für den Mittag empfehlen uns die beiden ihre leckeren Hamburger, auch vegan, nach amerikanischer

Gasthaus Düther Schleuse

Art. Ein Hit ist der Düther Schleuse Burger; zusammen mit einem Pott's Bier, einem „Original" aus der benachbarten Radregion, dem Münsterland, ergibt er ein kulinarisches Highlight.

Nach dieser Stärkung geht es vom KP 7 über die Schleuse zum KP 41 hinüber, hier nach links mit Schwung den Uferweg in Richtung Steinbild zum KP 97 hinab und danach am Wasser entlang auf den KP 55 zu. Das Ufergras ist wunderbar wiesenblumenvoll – sogar Lilien im Felde sind zu finden –, so fahren wir in weitem Bogen auf Steinbild zu. Schon spiegelt sich der Turm der nah am Wasser gebauten ③ **St.-Georg-Kirche** in der Ems. Ein Kirchenbesuch lohnt auf jeden Fall, denn in ihrem Inneren begegnet uns die **Madonna** der Fahrensleute.

Für die Seele

Wir lassen der Ems wie auch unserer Seele einfach ihren Lauf.

Die in Sandstein gehaltene ***Madonnenstatue*** *stammt aus dem 15. Jahrhundert und thronte vormals draußen in einer Außennische der Kirche. Immer wenn ein Schiff vorüberfuhr, wurde sie als Fürsprecherin der Emsschiffer aufs Herzlichste mit Horn und Tuten gegrüßt.*

Vom Haupteingang aus sollten wir uns zudem noch einen Rück-Blick über die Ems gönnen, die uns hier in ihrer ganzen Breite und Pracht entgegenströmt. Um die Kirche herum gelangen wir an der Emsstraße (L 59) zum KP 55. Wir biegen links ab und fahren über die Emsbrücke, auf der wir noch einmal einen herrlichen Blick zurück auf die Kirche am Fluss nehmen können, in Richtung KP 66 weiter. Dazu verlassen wir die L 59

St.-Georg-Kirche

Hafencafé

hinter dem Campingplatz nach rechts, um über den schönen baumbestandenen Uferweg zum **Marinapark Emstal** zu gelangen. Hier böte sich am Wochenende im ④ **Hafencafé** eine weitere Rast an, bei der wir uns neben Heidis selbst gemachtem Kuchen auch emsländisches Frischbier aus Lünne und leckere Kibbelinge mit hausgemachter Remouladensauce schmecken lassen können.

Nach dieser Rast machen wir uns durch ein feines Wochenendhausviertel mit Wasseranschluss für Freizeitskipper zum KP 66 auf, um nach links abzubiegen und auf den KP 36 zuzufahren. Hier wenden wir uns erneut nach links und gelangen am Ende der Marschstraße auf Höhe eines Türmchens und schönen Rastplatzes an die Hauptstraße (L 48), der wir kurz nach rechts folgen, um sie gleich wieder nach links zugunsten der Hasselbrocker Straße (K 148) zu verlassen. Dieser folgen wir rund 300 Meter auf dem parallel verlaufenden Radweg, bis wir links die Einmündung der Herzogstraße erblicken. Bei sommerlichem Wetter könnten wir geradeaus noch rund 1,2 Kilometer weiter zum schönen Badestrand am 5 **Herzogsee** durchradeln. An warmen Tagen kann es hier nur heißen: Pack die Badehose aus … Der Sandstrand ist einladend, um weich „gebettet“ zum Himmel hinaufzublicken, die (Bar-)Füße zu entspannen und ins seichte Wasser zu waten.

Auf jeden Fall aber nehmen wir die **Herzogstraße,** um unseren Weg in südliche Richtung fortzusetzen. Diese geht an der nächsten Kreuzung geradeaus in Südfeld über, mit der wir den Herzogsee umkurven, bis wir an eine Kreuzung mit Findling, Sitzgruppe und einem **alten Schafstall** kommen. Hier können wir einen letzten Rück-Blick auf den Herzogsee werfen und Ein-Blick in den heimeligen Schafstall nehmen; nach diesem Augen-Blick der „Einkehr“ biegen wir links ab und folgen dem grünen Pfeil in südliche Richtung zum KP 31, um hier nach links zum KP 45 abzubiegen. Nach wenigen Metern bremsen wir auch schon wieder ab, um den Eingang zur 6 **Lourdesgrotte** nicht zu verpassen, die wie eine spirituelle Oase wie aus dem Nichts aufzutauchen scheint. Nach kurzem Innehalten und Luftholen geht es über die Moorstraße weiter auf den

Schafstall

Sonnen-Bank im Kapellenmoor

KP 45 in Sustrum zu, wo uns in der 7 **Kirche St. Nikolaus** ein beeindruckendes Ensemble emsländischer Barockkunst erwartet. Gleich hinter dem KP 45 und der Kirche geht es in den Asselweg hinein, auf dem wir unbeirrt in südwestliche Richtung fahren, geradeaus den Fortweg überqueren und hinter dem Campingplatz an unsere schöne Ems zurückkommen. Auch wenn wir das Rad auf dem Sandweg kurz an der Hand führen sollten: Die beschauliche Emsidylle entschädigt für alles Schieben! (Wer das kleine Sandstück scheut, der nehme den Radweg parallel zur L 48 vom KP 45 über den KP 34 hinweg zum KP 11.)

Vom KP 11 aus geht es am **Hofcafé Eiken** vorbei zum KP 13, an dem wir links abbiegen und parallel zum Kapellenmoorgraben pedalierend zum KP 37 gelangen. Hier wenden wir uns nach rechts und fahren über die L 48 und am KP 69 über die K 156 hinweg, um uns nach so viel Streckenkreuzungen ab dem KP 2 mit einem wunderbaren Besuch im **Kapellenmoor** zu belohnen. Dazu setzen wir unseren Weg in Richtung KP 25 fort, um uns schon nach wenigen Metern rechter Hand am kleinen, feinen Moorteich von einer 8 **Sonnen-Bank** zu einem weiteren Päuschen einladen zu lassen. Weiter in Richtung KP 25 radelnd, nehmen wir kurz danach den nächsten Moor-Blick von der 9 **Naturbeobachtungsstation.**

*Das **Kapellenmoor** ist geprägt von Weiden, Feuchtbiotopen und Feldgehölzen einerseits, andererseits wird es bäuerlich genutzt. Dieser Mix fasst das für das Emsland typische Wechselspiel zwischen Natur und Landwirtschaft auf wenigen Quadratkilometern zusammen.*

Wir setzen unseren Weg in östliche Richtung fort. Am Ende der Bergelstraße wenden wir uns nach links, passieren mit der Kapellenmoorstraße eine Rasthütte und gelangen zu einer Kreuzung mit Pferdeholzwagen und Sitzgruppe, um hier nach rechts Zur Lammerswiese einzubiegen. Unmittelbar hinter dem Ortseingangsschild Niederlangen erreichen wir die ⑩ **Senfmühle Terhorst.** Dorothea Terhorst enthüllt uns in ihrer traditionsreichen Mühle und in dem kleinen Lädchen nebenan Geheimnisse rund um die Gewürze aus aller Welt – und gibt viel von ihrem tollen Senf dazu. Im Senf- und Gewürzautomaten können wir unsere Box für zu Hause bestens neu bestücken.

In der ***Senfmühle*** *gibt es alles: mittelscharfen, scharfen, süßen und süß-scharfen Senf, Bärlauch-, Bier-, Chili-, Curry-, Feigen-, Grill-, Honig-, Knoblauch-, Kräuter-, Marille-Ingwer-, Pfeffer- und Tomaten-Senf.*

Wir setzen unseren Weg Zur Lammerswiese in südliche Richtung fort, halten uns an der nächsten Einmündung halb rechts und fahren in **Oberlangen** ein. Schon erreichen wir über den Fehnkenweg und Josef-Beimel-Weg das schöne Heimathaus und den „ausgezeichneten“ ⑪ **Bauerngarten,** der mit seiner unerwarteten Blütenpracht betörend schön ist. Der „alte“ emsländische Bauergarten ist einfach und klar in ein-

Bauerngarten

zelne mit Buchsbaumhecken umgebene Parzellen für Gemüse, Kräuter und Blumen geteilt. Seine Einfachheit und Nützlichkeit lassen die Pracht des Gartens vor dem Hintergrund eines roten Backsteinhauses immer wieder besonders aufscheinen.

Am Ende des Josef-Beimel-Wegs erreichen wir die L 48, wenden uns nach rechts, fahren mit der Marienstraße auf dem parallel verlaufenden Radweg aus dem Dorf hinaus und erneut in die Weite der Emsebene hinein. Nach rund 2,2 Kilometern lädt uns ein Radwegweiser zum Abbiegen nach links in Richtung KP 6 ein, um nach wenigen Metern wieder in schönste Auenlandschaft einzutauchen. Schon erhebt sich vor uns der ⑫ **Beobachtungsturm Gelber Fluss,** der uns nach den Moor- nun zu vielen Au(gen)-Blicken einladen möchte. Der Aussichtsturm steht an einer Schleife des alten Emsverlaufs, der heute teilweise in das Kanalsystem des Dortmund-Ems-Kanals eingebunden ist, und bietet uns einen herrlichen Blick auf die bezaubernde Emslandschaft.

Ab hier können wir uns wieder ganz von der „Inselwelt“ umfangen lassen, die obendrauf auch noch ein wahres Pferdeparadies beheimatet. Wir folgen dem grünen Pfeil und Weg am Emsufer entlang über das Wehr hinweg und in das ⑬ **Reiterdorf Hilter** hinein, das mit 800 Ponys mehr Reittiere als Einwohner (50) hat. Auch unsere Drahtesel sind hier herzlich willkommen. Mit diesen passieren wir Ställe, Koppeln und Springturnierplätze – alles, was ein Reitsportherz begehrt. Am **Ferienhof Junkern-Beel** lädt uns eine nette Snackbar zum Verweilen, Kauen und Schauen ein. Weiter geht es an Ross und Reitern vorbei und auf die **Schleuse Hilter** zu. Am KP 6 erhalten wir noch einmal eine beste Gelegenheit zur Einkehr in der ⑭ **Gaststätte Zur Schleuse**, die nicht nur einen kleinen, einladenden Biergarten, sondern auch ihre kleine Emsschiffer-Geschichte hat: Neben der Gastronomie beherbergte das alte Gasthaus lange Jahre einen Kaufmannsladen, um die Emsschiffer mit Lebensmitteln und Haushaltswaren zu versorgen.

Gaststätte Zur Schleuse

Nach einer ausgedehnten Rast geht es auf unseren letzten Streckenabschnitt vom KP 6 eng am Ufer entlang über den KP 97 hinweg und auf den KP 33 zu. Nun „lathen“ wir es wohlverdient und gemächlich auf dem Leinpfad ausrollen. Wenn wir vom KP 97 aus nach rund 3,2 Kilometern an einen Querweg gelangen, heißt es aufgepasst: Hier biegen wir rechts ab und lassen uns nach wenigen Metern vom grünen Pfeil in Richtung KP 46 aufnehmen. Diesen passieren wir mit der Marschstraße geradeaus in Richtung KP 28, biegen hier rechts ab und kommen anschließend über den KP 88 und mit der Bahnhofstraße zu unserem Ausgangspunkt zurück.

__Lathen__ darf sich Bioenergiedorf nennen. Die Samtgemeinde deckt ihren Strombedarf zu 200 Prozent (!) durch regenerative Energien.

Walchum
Hasselbrocker Straße
Herzogsee
Kluse
Emsstraße
Steinbild
Ems
Südfeld
Sustrum
Hauptstraße
31
Asselweg
Ems
Vogelschutz-
gebiet
Vogelschutzgebiet Emstal
von Lathen bis
Papenburg
Dortmund-Ems-Kanal
L 48
Schinken
Düthe
K 131
Melstrup
Fresenburg
K 140
Kapellenmoorgraben
Alte Ems
K 156
Kapellenmoor
Marschstraße
Lathen
Dünefehn
Kapellenmoorstraße
Marienstraße
Lagerstraße
Oberlangen
Niederlangen
Ems
Kathen-Frack
70
1
2
3
4
5
6
7
8
9
10
11
12
13
14

ALLES AUF EINEN BLICK

Entspannung

Abenteuer

Vielfalt

WIE & WANN

Überwiegend asphaltiert, lediglich hinter Sustrum sollte bei schlechtem Wetter der Radweg parallel zur L 48 vom KP 45 über den KP 34 hinweg zum KP 11 genommen werden; ganzjährig befahrbar.

HIN & WEG

Auto: Parkplatz am Bahnhof, 49762 Lathen
ÖPNV: Bahnhof Lathen

ESSEN & ENTSPANNEN

2 **Gasthaus Düther Schleuse,** Zur Schleuse 26, 49762 Fresenburg, Tel. (0 59 33) 64 76 28, www.duetherschleuse.de

4 **Hafencafé Marinapark,** Steinbilder 80, 26907 Walchum, Tel. (01 76) 56 10 84 77, www.hafencafe-marinapark.de

10 **Terhorst Gewürz- & Senfmühle,** Kapellenmoorstraße 3, 49779 Niederlangen, Tel. (0 59 33) 6 49 77 94, www.terhorst-senf.de

14 **Gaststätte Zur Schleuse,** Schleuse 1, 49762 Lathen, Tel. (0 59 33) 16 83

ENTDECKEN & ERLEBEN

1 **Sportboothafen Fresenburg**
3 **Kirche St. Georg**
5 **Herzogsee**
6 **Lourdesgrotte**
7 **Kirche St. Nikolaus**
8 **Sonnen-Bank im Kapellenmoor**
9 **Naturbeobachtungsstation im Kapellenmoor**
11 **Bauerngarten Oberlangen**
12 **Beobachtungsturm Gelber Fluss**
13 **Reiterdorf Hilter**

Die GPS-Daten zu jeder Tour gibt es auf
www.droste-verlag.de

Konzeption/Satz: Droste Verlag, Düsseldorf
Einbandgestaltung: Britta Rungwerth, Düsseldorf, unter Verwendung von Bildern von © Fotolia.com: Andrey Kuzmin, undrey, dabost, niroworld; © Shutterstock.com: leoks
Fotos: Klaus Beckers, Birgit Beckers und Michael Peters, außer: Appartement-Hotel – Restaurant Seeblick/Ralph Schwägerl: S. 4, 107, 108; Gemeinde Emsbüren: S. 144; Naturpark Hümmling: S. 42; Samtgemeinde Werlte: S. 44, 50; stock.adobe.com: S. 1 (Prieshof PixEL), S. 104 (Claire Slingerland), S. 132 (frolova_elena), S. 146 (Heike), S. 154 (Marco Erlenkamp), S. 172 u., 174 o. (venemama); Sophie Voss: S. 98; Wikimedia Commons, CC BY-SA 3.0 DEED/Frank Vincentz: S. 118 (https://commons.wikimedia.org/wiki/File:Sögel_-_Clemenswerth_-_Klostergarten_-_Sonnenuhr_02_ies.jpg), 120 (https://commons.wikimedia.org/wiki/File:Groß_Berßen_-_Hügelgräberheide-Manseberge_06_ies.jpg), 139 o. (https://commons.wikimedia.org/wiki/File:Lehe_-_Pünten_Patt_-_Fähranleger_ost_%2B_Leher_Pünte_02_ies.jpg), 173 (https://commons.wikimedia.org/wiki/File:Haren_-_Werftstraße_-_Schifffahrtsmuseum_%2B_Helene_01_ies.jpg), 188 u. (https://commons.wikimedia.org/wiki/File:Lathen_Hilter_-_Junkern_Beel_-_Ferienhof_Junkern-Beel_33_ies.jpg); Wikimedia Commons, CC BY-SA 4.0 DEED/J.-H. Janßen: S. 86 (https://commons.wikimedia.org/wiki/File:Freren_Gut_Hange_06.jpg)
Textlektorat: Christoph Nettersheim, Nürnberg
Karten: Angelika Solibieda, Karlsruhe
Druck und Bindung: LUC GmbH, Greven

FSC www.fsc.org
MIX
Papier | Fördert gute Waldnutzung
FSC® C011279

ISBN 978-3-7700-2462-9
www.droste-verlag.de